LE POIVRE
ET L'OR NOIR

Du même auteur

L'Agro-alimentaire, PUF, 1980.

Les Marchés mondiaux des matières premières, PUF, 1984.

Négociants et chargeurs, Economica, 2e éd., 1983.

Rapport *Cyclope* : annuel, Economica, 21 volumes publiés de 1987 à 2007.

Chroniques pour servir à l'histoire économique de la fin du XXe siècle, Economica, 1999.

Le Marché, éloge et réfutations, Economica, 2000.

Le Siècle de toutes les espérances, Belin, 2005.

Durare à l'infini, Economica, 2006.

Perspectives agricoles en France et en Europe (Rapports du CAE). La documentation française, 2007.

Philippe Chalmin

LE POIVRE ET L'OR NOIR

bourin éditeur

38, rue La Condamine 75017 Paris

Pour Agnès

Avant-propos

Les textes qui suivent ont été pour la plupart rédigés entre 2003 et 2007 et publiés dans *Le Monde* dans le cadre d'une chronique régulière de son supplément *Économie*. Ce sont de courtes monographies de marchés de matières premières que nous avons cherché, chaque fois que cela était possible, à resituer dans leur perspective historique. Le lecteur y retrouvera les grands produits de l'agriculture tant alimentaires qu'industriels, les métaux, l'énergie ainsi que certaines nouvelles « commodités » comme le fret maritime et même l'art.

Mais les matières premières, ce sont aussi - on le sait - des passions et des aventures. Chaque année, dans le rapport *Cyclope*, nous faisons le point sur l'évolution des marchés internationaux. *Cyclope* a été publié sans interruption depuis 1986 et, régulièrement, il y a eu des « histoires » à raconter, des bulles ou des scandales, d'Enron à Amaranth, de LTCM à Barings (même si ces derniers appartiennent plutôt à la sphère financière). Nous avons donc intégré les textes et les histoires qui nous paraissent les plus représentatifs de ce monde passionnant des matières premières.

Ce livre peut donc être lu par petits morceaux. Il y a certes une logique dans la mise en ordre de ces chroniques, mais la meilleure méthode est probablement celle de piocher au hasard, à la découverte des matières premières et autres commodités !

INTRODUCTION

LES MATIÈRES PREMIÈRES, MIROIR DU MONDE

DANS LES ANNÉES CINQUANTE DU SIÈCLE DERNIER, existait parmi les jeux de société, à côté de l'inusable Monopoly, un autre jeu appelé le « Long cours ». Les joueurs avaient devant eux une carte du monde et chacun disposait d'un navire : à coups de dés, ils allaient de port en port, chargeant des marchandises, de l'or à Arkhangelsk, de la laine à Sydney... qu'ils devaient aller revendre à l'autre bout de la planète si du moins un redoutable navire corsaire ne les arraisonnait point. Combien d'enfants ont alors découvert la mondialisation sans le savoir et – surtout – ont rêvé à cet univers fascinant des matières premières que s'échangent les hommes. Ainsi, peut-être, naissent les vocations, celle de l'auteur de ces lignes en tout cas. Il peut pourtant paraître anachronique de s'intéresser aux matières premières en ces temps de révolution technologique, de développement des réseaux, de triomphe de l'économie du virtuel. La part des matières premières dans le processus de création de richesses à l'échelle mondiale ne cesse-t-elle pas de diminuer au profit notamment des services? Que les matières premières puissent passionner l'historien qui peut y trouver une clé de lecture de maintes guerres et conquêtes, cela peut se comprendre mais aujourd'hui les conflits ne sont-ils pas d'une tout autre nature? Quelle surprise alors de constater qu'en ces premières années du XXIe siècle, les matières premières ont plus que jamais fait la une de l'actualité, leurs marchés faisant l'objet d'un choc d'une rare intensité, leur disponibilité étant à l'origine de crises graves, qu'il s'agisse de l'énergie, des métaux ou de l'agriculture.

Alors même que certains rêvaient au mythe de l'entreprise sans usines, d'une sorte de dématérialisation presque totale de notre existence et de nos besoins, le rappel à l'ordre a été bien cruel: nous devons manger et, surtout, devrons nourrir des milliards d'hommes à l'horizon de la fin de ce siècle. Nous devrons aussi leur fournir l'énergie nécessaire et cela dans un environnement marqué tant par la rareté que par les conséquences climatiques d'un trop-plein d'activités humaines. Nos besoins évoluent, nos consommations se modifient mais demeurent essentielles.

Pendant des siècles, l'homme a su utiliser ce que la nature lui fournissait - comme les épices indispensables à la conservation des aliments - devant souvent aller le chercher fort loin. Mais à partir de la révolution industrielle de la fin du XVIIIe siècle, il s'est de plus en plus comporté comme un prédateur, dilapidant des ressources dont il prend aujourd'hui conscience de la rareté et des limites.

Si les matières premières effectuent ce surprenant retour à la une de l'actualité, si elles sont à nouveau au cœur des passions humaines, si elles occupent tant de place dans la géopolitique mondiale, c'est qu'en ce temps d'un « monde fini », au sens que Paul Valéry prêtait en 1931 à cette expression, elles sont redevenues essentielles, « premières » au sens le plus propre du mot.

Essentielles donc pour ce siècle à venir, capitales pour sa compréhension mais aussi pour la lecture de notre histoire... et puis aussi exhalant un puissant parfum d'exotisme, dotées d'une part de rêve et de romantisme, celle qui entraîna Rimbaud à faire le commerce du café en Arabie, celle qui poussa à tant d'aventures sur la route des épices ou vers le sortilège malais. Passionnantes matières premières !

COMME UN LIVRE D'HISTOIRE

La géographie des grands empires, le développement des grandes routes commerciales se comprennent vraiment dans cette recherche permanente de la disponibilité et du contrôle des matières premières stratégiques de l'époque : les mines de fer de l'île d'Elbe pour Étrusques et Phéniciens ; l'étain des îles anglo-saxonnes pour les Romains ; les épices et surtout le poivre pour les premières cités marchandes italiennes puis pour la monarchie portugaise ; l'or et l'argent de la conquête du Nouveau Monde ; le cuivre des montagnes autrichiennes que contrôlent les banquiers d'Augsbourg ; le thé que de Chine les Britanniques vont planter en Assam, tout comme le caoutchouc qu'ils « volent » au Brésil ; le coton qui fait la richesse du Sud des États-Unis ; le sucre qui à lui seul illustre des pans entiers de l'histoire coloniale du Pernambouc hollandais à la

Saint-Domingue française avant que Napoléon ne favorise la betterave continentale. Et puis en sautant quelques siècles, le pétrole qui domine le XXe siècle, dont le contrôle provoque conflits et rapports de dominations.

Il y a eu bien sûr des « âges » pour les différentes matières premières : ceux des métaux essentiels d'abord, comme le fer, l'étain ou le plomb, celui des épices ensuite, qui sera à l'origine du premier grand essor commercial – et colonial – de l'Occident, celui des denrées tropicales – du sucre au café et au cacao – issues de la première exploitation un peu systématique des empires coloniaux naissants. Avec la révolution industrielle, on change de registre : il y a l'âge du coton, après le temps de la laine puisque tout commence par l'industrie textile, puis le temps des métaux, celui de l'étain des détroits de la Malaisie ou du cuivre du Chili. Les marchés agricoles se mondialisent avec le blé russe au départ d'Odessa, avec la viande d'Argentine. Et puis enfin, c'est l'âge du pétrole et de ses guerres à la fin du XXe siècle et au début du XXIe. Les marchés ont évolué, les produits ont changé, mais les passions et même les politiques et les techniques commerciales et financières sont restées presque les mêmes !

Tout a commencé par les matières premières

Voilà qui peut paraître bien prétentieux. Mais force est de constater que la manière dont fonctionne aujourd'hui notre mondialisation doit beaucoup aux matières premières. En voici quelques exemples. Le plus classique est celui de l'instabilité qui caractérise les marchés monétaires et financiers de la planète. Cette instabilité, les matières premières l'ont toujours éprouvée, leurs marchés étant soumis aux aléas climatiques ou politiques de l'offre et de la demande. L'instabilité des prix des céréales fut un souci que partagèrent les dirigeants de la Rome antique, tout comme les monarques du XVIIIe siècle et les marchands américains qui fondèrent à Chicago au milieu du XIXe siècle l'un des premiers marchés à terme de la planète. C'est, depuis lors, dans le champ des matières premières que sont nées la plupart des innovations (options, swaps...) de ce qui constitue aujourd'hui le monde des « marchés dérivés » sur lesquels se cotent toutes sortes de produits financiers et dont les matières premières ne sont plus qu'un modeste compartiment. De ce point de vue, une évolution sémantique est intéressante à analyser : celle qui nous a fait passer des matières premières aux « commodités ». À l'origine, l'expression française de « matières premières » (ou produits de base) se traduisait en anglais certes par « *raw materials* » mais surtout par « *commodities* ». Mais ce dernier mot s'appliquait moins à l'état physique d'un produit qu'au fonctionnement de son marché : une « *commodity* » était un produit dont le marché était d'une telle instabilité, impliquait de tels risques pour les opérateurs, qu'il était nécessaire de développer des instruments financiers pour couvrir ces risques. Tout naturellement lorsque le système monétaire international issu de Bretton Woods se désintégra au début des années 1970, que les monnaies et les taux d'intérêt se mirent à flotter, les Anglo-Saxons parlèrent de « *financial commodities* ». Même sans intégrer la sphère des produits financiers, le monde des « *commodities* » (en français, des « commodités ») est aujourd'hui beaucoup plus large que le seul univers des matières premières : on y trouve en effet des produits de plus en plus industriels comme l'acier ou les grandes bases de la chimie ou même des puces électroniques, des services comme le fret maritime et de nouveaux « produits » comme le droit à polluer (c'est-à-dire la tonne de gaz carbonique) ou même les températures ! Mais toutes les techniques sophistiquées utilisées sur ces marchés proviennent bien des marchés agricoles de Chicago, de la Bourse des métaux de Londres et même de la grande spéculation sur les bulbes de tulipes aux Pays-Bas au XVIIe siècle.

Comment d'ailleurs ne pas souligner à ce propos la « modernité » des crises qui ont régulièrement marqué les marchés des matières premières, leur exemplarité pour d'autres secteurs de la finance. Dans les contes de fées, on dit que les peuples heureux n'ont pas d'histoire. Du fait de leur instabilité, les marchés de matières premières en ont eu beaucoup : peut-être parce qu'il s'agit de produits physiques, que l'on peut stocker, « accaparer », qui sont bien plus concrets que des actions ou des bons de Trésor, les matières premières ont suscité les passions et l'irrationalité de générations de spéculateurs à la recherche de la « bulle parfaite » : de nos tulipes du XVIIe siècle à la chute du fonds Amaranth sur le gaz naturel à l'automne 2006, il y a une extraordinaire continuité. Qui n'a d'ailleurs rêvé à se « sucrer » un peu en regardant le film de Jacques Rouffio *Le sucre,* qui relate l'affaire qui ébranla le marché du sucre en 1974 ?

Aventures des matières premières et donc... aventuriers ! Au moment où le haut du pavé de la finance internationale est tenu par quelques « gnomes » de Wall Street ou de Londres, spécialistes de fusions et acquisitions, le monde des matières premières est autrement plus coloré : il est encore celui des « marchands aventuriers » (les *merchants-adventurers*, l'une des premières compagnies commerciales au monde, fondée en Angleterre au XVe siècle). On y trouve des figures de légende du négoce international comme le célèbre Marc Rich mais aussi des dynasties de Chinois de la diaspora, des oligarques russes et bien souvent tous les ingrédients d'excellents romans policiers.

Dans un autre domaine, les matières premières ont été un terrain de pionniers : c'est celui des négociations internationales visant à l'organisation et éventuellement à la stabilisation des marchés. Nous sommes aujourd'hui dans les affres du cycle de Doha de l'OMC et il est d'ailleurs assez surprenant de constater la place qu'occupent encore en ce début de XXIe siècle les politiques agricoles dans ces « rounds » globaux qui scandent désormais la marche de la mondialisation. Dès la fin du XIXe siècle – au temps de la première mondialisation – on s'est essayé à mettre en place quelques règles sur les marchés internationaux de matières premières : après quelques décennies de négociation, ce fut ainsi la signature de la convention de Bruxelles sur le sucre en 1900. Par la suite, que de tentatives – en général avortées – d'accords internationaux pour stabiliser les marchés du café et du cacao, de l'étain ou du blé, jusqu'au programme « intégré » lancé par les Nations unies en 1976 et dont le fiasco a été total. Là aussi l'expérience des matières premières est précieuse pour tous ceux qui imaginent stabiliser dans les années à venir les marchés monétaires internationaux.

Il est encore un domaine où l'histoire des matières premières est exemplaire tout en étant à l'origine de maintes incompréhensions : c'est la problématique du développement.

La malédiction des matières premières

Les placards universitaires et académiques regorgent de débats - anciens et modernes - sur l'évolution relative des prix des matières premières et des biens manufacturés, sur la question des termes de l'échange et de leur détérioration pour les producteurs. Celle-ci est bien réelle comme le montre l'évolution des grands indices - ou paniers - de matières premières (le plus ancien, celui calculé par *The Economist* remonte à 1840) même s'il faut aussi tenir compte des évolutions de productivité, de l'amélioration des rendements agricoles, de la diminution des prix de revient. Mais ce débat masque un problème autrement plus grave résultant de la croyance assez aveugle que les matières premières seraient sources de richesse et de développement économique pour ceux qui les détiennent. Les richesses immédiates sont certes incontestables comme l'illustraient les flottes de l'or espagnoles, les milliards de dollars amassés par les émirs du pétrole ou par tel ou tel baron du café ou roi de l'étain. Mais à plus long terme, force est de constater que la richesse extraite du sol ou sous-sol n'a en général apporté avec elle que misère et mal-développement. Il en fut ainsi de l'Espagne du Grand Siècle, inondée de l'or et de l'argent du Nouveau Monde ; plus près de nous les gaspillages des premiers chocs pétroliers ont provoqué le chaos du Nigeria à l'Algérie, de l'Irak au Venezuela. Et que dire du Congo avec son cuivre, des diamants qui ont nourri les guerres en Afrique de l'Ouest, ou même du cacao en Côte-d'Ivoire ? Les économistes connaissent bien cette difficulté qu'il y a à gérer de manière durable la rente des matières premières ; aujourd'hui, un pays comme la Russie n'y échappe pas. La manne tombée des marchés pourrit et corrompt les âmes, les cœurs et les circuits économiques ; elle crée surtout des dépendances et entretient des illusions de croissance artificielle comme le montrent les chiffres de croissance du PIB enregistrés en 2006 et 2007 par les producteurs de matières premières, du Venezuela à la Russie. Plus que toute autre chose, les matières premières sont un véritable aléa pour le développement économique et l'on frémit lorsque l'on voit tant de pays du continent africain - mais aussi en Amérique latine - se concentrer sur de telles productions courtisées par l'insatiable appétit des vrais pays émergents que sont la Chine, l'Inde et même le reste de l'Asie. Et c'est vrai qu'en ce début de XXIe siècle, le retour à la une de l'actualité planétaire des matières premières - et des commodités - est spectaculaire.

Au cœur des tensions géopolitiques

Depuis le XIXe siècle, les matières premières évoluent selon des cycles plus ou moins faciles à identifier. Grossièrement, on peut estimer que tous les vingt-cinq à trente ans, les marchés font l'objet de fortes tensions, de prix élevés, voire de véritables bulles : c'est le temps fort des passions, le moment aussi de l'investissement dans des capacités nouvelles de recherche et de production dont l'arrivée sur le marché quelques années plus tard provoque inévitablement l'effondrement des prix mondiaux. Remarquons d'ailleurs un extraordinaire mimétisme, une véritable capillarité entre des marchés de produits fort différents mais unis par une certaine communauté de destins.

Il y eut donc des temps forts sur les marchés en 1921, en 1948-1953, en 1974 (plus exactement de 1972 à 1976 au moins). Ce dernier choc fut d'autant plus important qu'il fut accompagné de la déstabilisation totale du système monétaire international (on a depuis ce paradoxe que les matières premières sont cotées en dollar, une « commodité » elle-même hautement instable), de l'espoir aussi d'un « nouvel ordre économique international » fondé sur l'arme des matières premières à l'image du pétrole contrôlé par l'OPEP. On sait que les deux dernières décennies du XXe siècle ne furent que déconvenues pour les producteurs de matières premières alors que les consommateurs s'endormaient dans l'illusoire certitude de l'abondance et oubliaient les anticipations - certes exagérées mais bien prémonitoires - du célèbre rapport du Club de Rome, « Halte à la croissance » (1971).

Le choc que connaissent les matières premières depuis 2004 est bien de la même nature que ses prédécesseurs quoique, dans un univers mondialisé dont les hommes maîtrisent désormais à la fois le temps et l'espace, il ait pris une tout autre ampleur : énergie, métaux, produits agricoles, fret maritime... ont été tour à tour affectés et les multiplications de prix, les bulles parfois, ont été spectaculaires. C'est qu'il fallait rappeler aux décideurs politiques et économiques de la planète que la croissance économique et que l'émergence, surtout de manière si effrénée, de la Chine puis de l'Inde, se traduisaient par des besoins accrus de ces matières premières dont - par ailleurs - on commençait à toucher les limites en terme de réserves. Et l'on a recommencé à parler de l'arme des matières premières, à donner quelque considération aux populismes latino-américains d'Hugo Chávez ou d'Evo Morales, à imaginer des guerres pour le contrôle de puits de pétrole quitte à ne pouvoir se dégager ensuite du bourbier irakien, à courtiser les dictateurs d'Afrique et d'Asie centrale. Chine et Inde ont rivalisé de séduction vis-à-vis des producteurs de matières premières, de la Russie à l'Afrique ou à l'Amérique latine sans oublier l'Australie. En peine d'investissements rentables, les fonds de pension et autres liquidités de la planète ont redécouvert les « commodités » au risque de parfois s'y brûler les doigts.

En ce début de XXIe siècle marqué sur le plan économique par une forte croissance, comparable - mais pour le monde entier - à celle que connut l'Occident durant les Trente Glorieuses, et sur le plan géostratégique par les ratés de l'imperium américain en Irak et en Afghanistan, en Corée du Nord, en Iran ou au Venezuela, les matières premières sont à nouveau au cœur de toutes les tensions. Elles sont au fond la partie émergée - la plus visible, celle des marchés - des craquements géopolitiques de la planète. Lorsqu'un prix monte - ou baisse - c'est que l'équilibre entre l'offre et la demande s'est trouvé modifié. C'est que, quelque part dans le monde un accident climatique, mais plus souvent encore une crise politique, est intervenu. Analyser les marchés des matières premières, c'est chercher à comprendre le monde, ses tourments et ses soubresauts. Ainsi en 2006 il y eut la guerre du gaz entre la Russie et ses anciens vassaux, les nationalisations pétrolières et minières au Venezuela et en Bolivie, la reprise en main des oligarques russes de l'aluminium, de l'acier ou du pétrole, la guerre civile financée par le cacao en Côte-d'Ivoire, la spectaculaire OPA de Mittal sur Arcelor, les tensions sur le nickel en Nouvelle-Calédonie, le développement de l'éthanol aux États-Unis et son impact sur le marché des céréales...

Certes, le moment où sont écrites ces lignes (à la fin de l'été 2007) correspond au point haut de ce cycle que nous évoquions plus haut. Le destin des bulles est d'exploser un jour tout comme celui des arbres est de ne jamais atteindre le ciel ! L'arrivée de nouvelles capacités de production, de probables crises économiques, en particulier en Chine provoqueront un retournement des marchés au début de la deuxième décennie de ce siècle. Néanmoins le monde aura pris conscience de ses limites même si nous sous-estimons la capacité des systèmes technologiques à s'adapter, à innover et à modifier en permanence tant les termes de l'offre que ceux de la demande.

Les matières premières auront donc encore une histoire au XXIe siècle, une histoire d'autant plus mouvementée qu'elle est celle des pays les moins développés, des régimes les moins démocratiques, de richesses parfois extrêmes et de pauvretés souvent abjectes. Elles resteront – comme elles l'étaient dans le passé – une des grilles de lecture essentielles de la complexité du monde.

CHAPITRE 1

TOUT COMMENCE SUR LES MARCHÉS AGRICOLES

QUAND L'HOMME FIT-IL pour la première fois acte de commerce ? Probablement trois à quatre millénaires avant Jésus Christ, entre l'Asie mineure et la Mésopotamie, des agriculteurs ou des éleveurs échangèrent une partie de leur production avec les premiers marchands : des céréales ou de l'huile contre quelques outils et peut-être les premières lames de fer. Le grand historien de l'économie, Paul Bairoch parlait de la première révolution industrielle, celle du Néolithique, lorsque l'homme découvrit l'outil. Toute aussi importante fut, quelques siècles plus tard, la révolution de l'échange que nous connaissons encore bien mal même si nous en devinons les chemins dans la Méditerranée antique au gré des itinéraires des céramiques et autres poteries. C'était le temps où l'entrepôt de Delos régnait sur la mer Égée avant que le roi d'Égypte, Ptolémée Philadelphe, utilisant les ressources de la vallée du Nil ne devienne le

« premier marchand de blé au monde » aux dires d'Hérodote.

Les premiers circuits de l'échange furent certainement ceux des produits agricoles et puis quand même de quelques métaux, de l'étain britannique au fer de l'île d'Elbe : des épices, des aromates, des colorants comme la pourpre, du vin aussi... Très tôt l'instabilité guetta des marchés soumis à l'inconstance du climat : dans les villes, les gouvernants durent apprendre à fournir à leurs plèbes « du pain et des jeux ».

Sautons quelques siècles, après la longue parenthèse des temps obscurs qui suivirent la fin de l'Empire romain. Dans quelques villes italiennes, sur la côte amalfitaine d'abord, puis à Venise et à Gênes, le commerce au long cours reprend : en plein « boom » démographique, l'Occident a besoin d'épices pour conserver ses aliments. La quête du **poivre** commence et avec elle l'histoire « moderne » des marchés de matières premières car le poivre peut être considéré, entre le XIIIe et le XVIe siècle comme le produit stratégique par excellence, l'équivalent – toutes choses égales par ailleurs – du pétrole à la fin du XXe siècle. C'est le poivre que cherche Colomb et il ne trouvera que de l'or et de l'argent pour le malheur de l'Espagne. C'est le poivre que veulent les compagnies des Indes qui vont se partager l'Asie à partir du XVIIe siècle. Ce livre devait donc commencer par le poivre.

Il y a une certaine logique à rester dans le champ des « tropicaux » (les Anglo-Saxons parlent de « *soft commodities* »). N'étaient-ce pas les produits que ramenaient dans leurs cales les vaisseaux des compagnies des Indes et que l'on vendait aux enchères dans les cafés de Londres ou d'Amsterdam : des « fèves » de **cacao**, des cerises de **café**, des feuilles de **thé**. Et puis, peu à peu, on passa de la cueillette et de la logique des comptoirs à l'exploitation des plantations : c'est l'histoire du **sucre**, de ses plantations esclavagistes qui servirent de modèle aux premières manufactures anglaises de la fin du XVIIe siècle. Il y aurait bien d'autres produits à évoquer parmi les « tropicaux » : il est encore aujourd'hui publié à Londres un hebdomadaire, le *Public Ledger* dont le premier numéro remonte à 1772 : le lecteur s'y prend à rêver devant les cotations de la vanille de Madagascar, du clou de girofle de Zanzibar, de la gomme arabique, des huiles essentielles, du riz qui compte autant de qualités qu'il y a de brisures.

Mais le riz, ce sont aussi les grands marchés alimentaires, ceux qui se développent à partir du XIXe siècle autour des céréales. Un peu plus tard, le développement de l'alimentation animale ouvre la voie du soja parti de Chine et y revenant. Et notre petit-déjeuner ne serait pas complet sans évoquer le jus d'orange qui dans sa forme congelée circule sur la planète entière.

Ce sont pour ces marchés agricoles que se développèrent les premiers « marchés à terme » dans les Bourses de commerce : toutes les techniques les plus sophistiquées des marchés dérivés actuels sont nées dans les Bourses agricoles de Chicago, de Londres, de New York et même de Paris. C'est que l'agriculture demeurait encore essentielle dans les économies occidentales du début du XXe siècle. Et il n'est pas étonnant qu'en réaction à la grande crise de 1929, ce soit dans le champ des politiques agricoles que l'intervention des États ait pu être la plus déterminée et la mieux articulée.

En ce début du XXIe siècle, ces évocations des marchés agricoles peuvent apparaître quelque peu nostalgiques et de faible importance économique. Pourtant il est encore de nombreux pays dont la seule ressource reste le cacao (Côte-d'Ivoire, Ghana), le café (Rwanda, Burundi, Éthiopie), le thé (Kenya), le sucre (Maurice); pourtant la question agricole continue à empoisonner l'OMC et les scènes politiques européennes et américaines. Pourtant enfin, les défis alimentaires du XXIe siècle sont tels que les enjeux agricoles – ceux des productions mais aussi ceux des marchés – sont au rang des questions majeures qui se posent à une humanité qui a touché toutes ses limites écologiques. Les produits agricoles retrouvent ainsi le caractère stratégique qui fut celui du poivre à l'aube des temps modernes.

Le poivre de Malabar au Vietnam

Entre juin et octobre 2006 les prix mondiaux du poivre ont doublé: la baisse de la production enregistrée en Inde et en Indonésie explique cette brusque flambée des prix d'un produit qui a une longue histoire d'instabilité et de spéculation.

Le poivrier est une liane qui pousse sous les climats tropicaux humides et qui produit au bout de quatre années des petites baies qui ont joué dans l'histoire un rôle fondamental dans la conservation des aliments et notamment des viandes. Bien avant l'apparition de la chaîne du froid, sel, poivre et autres épices étaient indispensables pour conserver et transporter les viandes, et la quête du poivre explique en grande partie l'élan colonial du XVe au XVIIIe siècle.

C'est vers le Xe siècle que le poivre de Malabar – la qualité qui cote aujourd'hui 3 500 dollars la tonne – fit son apparition à Venise : du golfe Persique il était arrivé au Levant et en Égypte. Le poivre fut alors un élément essentiel de « l'économie monde » que dominait Venise. Mais en 1501, un navire portugais déchargea pour la première fois du poivre à Anvers et les approvisionnements directs du Portugal qui s'était installé à Cochin, à Goa et à Malacca inondèrent le marché. La couronne portugaise en fit un monopole qu'elle afferma à des marchands – multinationaux – comme les célèbres Fugger d'Augsbourg.

Toutefois, au début du XVIIe, le Portugal ne put résister au dynamisme des nouvelles compagnies des Indes : celle des Pays-Bas notamment – la célèbre VOC – axa tout son développement sur le contrôle des origines en Inde et surtout dans les îles qu'elle domina à partir de Batavia (Djakarta aujourd'hui). Amsterdam devint alors le centre du marché mondial et le poivre représentait la moitié des tonnages du fret de retour des navires de la VOC.

Peu à peu cependant, la croissance des échanges de nouveaux produits relégua le marché du poivre dans une position secondaire. Mais la possibilité de stocker le poivre pendant d'assez longues périodes en fit un marché particulièrement propice aux manipulations spéculatives dans lesquelles excellaient au XIXe siècle quelques dynasties de marchands, en général chinois, de Singapour. En Europe des marchés à terme fonctionnaient à Londres et à Amsterdam. C'est à Londres qu'eut lieu en 1935 un des plus célèbres « corners » de l'histoire des matières premières : un syndicat de négociants prit alors le contrôle de l'équivalent de deux ans de consommation mondiale mais ne put tenir sa position et s'effondra dans un scandale retentissant.

Longtemps donc, le marché du poivre fut dominé par l'Asie du Sud-Est (Indonésie et Malaisie, avec Singapour dans une position de ré-exportateur) et par l'Inde, le premier producteur mondial mais qui consomme la plus grande part de sa production : c'est à Cochin pour le poivre que fut créé le premier marché à terme indien de matières premières dans les années 1990. Les autres producteurs notables étaient le Brésil et dans une moindre mesure la Chine.

Mais la géographie du poivre fut bouleversée à la fin du XXe siècle. Attiré par la forte hausse des prix provoquée par le déclin de la production en Indonésie et à Bornéo (on passa de 1 000 à 6 000 dollars la tonne de poivre de 1993 à 1999), un nouveau producteur fit irruption sur le marché. Le Vietnam était à la recherche de nouvelles productions agricoles pour l'exportation : après le riz et le café, il s'attaqua donc au poivre. De 8 000 tonnes en 1990, 36 000 tonnes en 2000, la production vietnamienne a atteint les 100 000 tonnes en 2004. Exportant la totalité de sa production, le Vietnam pèse aujourd'hui la moitié du marché mondial. Cette montée en puissance fut à l'origine de la morosité des prix mondiaux à partir de 2003 : pour soutenir son marché intérieur, l'Inde en fut réduite à verser des subventions à l'exportation !

La diminution de la production mondiale en 2006 (de 60 0000 tonnes en deux ans à 260 000 tonnes) a donc inversé la tendance et le poivre a rejoint les autres matières premières dans l'euphorie des marchés qui a caractérisé ces derniers mois. Mais dans son cas, la difficulté à évaluer précisément les stocks, vieux souvent de plusieurs campagnes, augmente l'incertitude et la nervosité des marchés. Mais il en fut toujours ainsi pour le poivre, comme en 1591 lorsque la prise par le corsaire anglais Raleigh du chargement de poivre d'un galion portugais, la *Madre de Dios*, provoqua l'effondrement des prix sur le marché de Londres.

LE SANG DU CACAO

« Sous le soleil, les fèves de cacao qui sèchent sont comme des braises et sur ces braises dansent des hommes... Plus le soleil est chaud, meilleur sera le cacao. Il deviendra doré comme le visage des hommes et il sentira le chocolat. Du chocolat, tout ce que ces journaliers connaissent, c'est cette odeur qui les poursuit toute leur vie ». Ainsi, Jorge Amado, dans *La terre aux fruits d'or* décrivait le traitement du cacao dans les années 1920 au Sud de Bahia, au Brésil.

L'arbre aux fruits d'or – les belles cabosses qui contiennent les fèves – est originaire du Brésil, des bords de l'Amazone. Mais sa première expansion eut lieu en Amérique centrale. Pour les Mayas, Quetzalcóatl l'avait amené du paradis et les fèves de cacao furent d'abord utilisées par les Mayas et les Aztèques comme monnaie d'échanges. Les Espagnols furent très déçus d'en trouver en quantité dans le trésor de Montezuma, à Mexico, à la place de l'or convoité. Ils apprirent pour le moins à le consommer, et le Mexique se fournit d'abord au Guatemala. Au début du XVIIe siècle, le développement de la demande européenne provoqua le déplacement de la production plus au sud, en Équateur (Guayaquil) et au Venezuela. En Europe, la consommation de ce que Samuel Pepys appelle en 1664 « jocolatte » progresse lentement : les Français découvrent le chocolat dans les bagages de l'infante Marie-Thérèse. À Londres, la première *chocolate house* est fondée en 1657. Mais il faut attendre le XIXe siècle et les innovations de Van Houten (le chocolat en poudre en 1820) et de Cadbury (1866) pour que le chocolat commence à devenir un véritable aliment de « grande » consommation.

En 1900, il s'en produit dans le monde à peu près 100 000 tonnes aux quatre cinquièmes en Amérique du Sud : presque disparu, le Venezuela et l'Équateur reculent alors que monte en puissance le Brésil. Mais le monde du cacao commence à s'internationaliser. En Afrique, il n'était cultivé que dans la petite île portugaise de São Tomé. Les intérêts commerciaux britanniques vont alors provoquer un développement spectaculaire de la production au Nigeria et surtout dans la Côte-de-l'Or (l'actuel Ghana). En quelques décennies, l'Afrique anglaise parvient à dominer le marché mondial : à la fin des années 1930, l'Afrique représente les deux tiers de la production mondiale, et c'est à Londres que se forme le prix du cacao sur un marché à terme.

Au lendemain des indépendances, le relais passe du Ghana à son voisin ivoirien. Felix Houphouët-Boigny, qui se présente comme « planteur à Yamoussoukro », est à l'origine du prodigieux développement cacaoyer de la Côte-d'Ivoire qui devient le premier producteur mondial en 1979 et qui, aujourd'hui encore, malgré la guerre civile, pèse près de 40 % de l'offre mondiale. Houphouët avait bien compris l'intérêt social du cacao produit par plusieurs centaines de milliers de petits planteurs protégés par la garantie de prix d'une « caisse de stabilisation » héritée de la colonisation française. Bientôt, cependant, monte la concurrence de l'Asie, en Malaisie d'abord, dans les grandes plantations à côté des hévéas et des palmiers à huile, à Bornéo et surtout en Indonésie par la suite.

Étrange destin donc que celui du cacao : être ainsi passé de continents en continents, de défrichages en fronts pionniers selon ce que l'agronome François Ruf a qualifié de véritable « dérive des continents cacayoers » au fil de cycles mêlant épuisement des terres, migrations de populations et politiques publiques, ce que Pierre Chaunu appelait « l'usure du sol et des hommes ».

Plus encore que le café, le cacao a été ces dernières décennies l'un des symboles malheureux de la dimension Nord-Sud des échanges internationaux. Produit au Sud, il n'est guère consommé (et même transformé) qu'au Nord. Or, après une brève flambée des cours au milieu des années 1970, le marché n'a guère cessé d'accumuler les excédents et les prix de reculer jusqu'à atteindre des minima historiques à la fin de 2000. Un accord international disposant d'un stock régulateur fut incapable d'enrayer la chute dans les années 1980. En 1998-1989, la Côte-d'Ivoire essaya d'assécher le marché pour faire remonter les cours, mais là aussi sans succès, provoquant même une bataille entre les deux plus importants négociants mondiaux de l'époque, le français Sucres et Denrées et l'américain Phibro, pour le contrôle du stock ivoirien financé à fonds perdus par un prêt du gouvernement français. L'accord international ne fonctionne plus depuis longtemps ; nombre de négociants ont fait faillite ou se sont retirés ; la plupart des monopoles d'État ont disparu, à l'exception notable du Ghana. Si les cours du cacao ont brutalement flambé en 2001-2002, c'est malheureusement grâce aux incertitudes politiques en Côte-d'Ivoire. Et pourtant le cacao continue à sortir d'Abidjan, de San Pedro ou par le Ghana, en finançant un peu plus le chaos ivoirien, détruisant ainsi le rêve du vieux planteur Houphouët. Dans sa longue histoire de plus de cinq siècles, l'arbre aux fruits d'or a apporté plus de rêves et de prospérité illusoire que de développement véritable. Après le Guatemala, Guayaquil puis São Tomé, Ilhéus de Jorge Amado, Accra, voici Abidjan qui se meurt de cet or brun dont il ne reste que l'odeur et des larmes.

Le goût amer du café

Les Français sont nombreux aujourd'hui à choisir sur les linéaires de leurs magasins des paquets de café « équitable ». Par ce geste, ils essaient d'aider quelques producteurs à échapper à la logique d'un marché qui, tout au long de son histoire, a été marqué par des crises violentes mais aussi par de longues périodes de dépression et de surproduction mondiale. L'âcre breuvage de nos petits matins blêmes est un beau cas d'école sur les difficultés d'articuler des préoccupations de développement durable et de justice sociale.

Comme beaucoup de produits tropicaux, le café a fait de longs voyages au gré de la géographie coloniale. Il vient d'Abyssinie et s'implanta en Arabie au début de notre ère.

L'usage en aurait été conseillé par le Prophète mais la consommation de « gahwa » fut interdite à La Mecque en 1511. Le café atteignit Istanbul en 1550, Venise en 1645, Paris en 1675, Berlin en 1721. Entre-temps, la Compagnie des Indes néerlandaises avait développé la culture du café à Ceylan puis à Java. Quelques plants parvinrent en France et l'abbé de Chirac, médecin du Roi, les fit expédier en Martinique. Les Antilles françaises, et notamment Saint-Domingue, dominèrent alors le marché mondial jusqu'à la grande révolte de 1791. Le relais fut assuré par le Brésil où la production s'était développée à partir du milieu du XVIIIe siècle. De 1850 à 1950 au moins, le Brésil fut de loin le principal acteur mondial du marché du café. Vers 1914, il représentait les trois quarts de la production mondiale, au début des années 1950 près de la moitié encore. Les grands propriétaires – les fazendeiros – surent passer de l'esclavage à une sorte de métayage faisant appel à une main-d'œuvre immigrée, en provenance surtout d'Europe.

Très tôt, les producteurs furent confrontés à l'instabilité des cours : le développement de la production contribuait à la formation de stocks et d'excédents et à l'effondrement des prix. À l'inverse, le moindre accident climatique (le gel notamment pour cet arbuste très sensible) provoquait des flambées des cours. Dès le début du XXe siècle, les autorités de l'État de São Paulo essayèrent de réguler le marché en constituant des stocks, voire en les détruisant. De 1931 à 1944, 78 millions de sacs (de 60 kilogrammes) furent ainsi détruits, soit l'équivalent de trois années de consommation mondiale. Après la guerre, alors que la part du Brésil avait diminué au profit de nouveaux producteurs d'Amérique latine comme la Colombie, mais aussi d'Afrique, les prix s'effondrèrent à nouveau à partir de 1954.

La place du café dans les économies latino-américaines poussa alors les États-Unis à jouer un rôle moteur dans la négociation d'un accord international réunissant pour la première fois producteurs et consommateurs. Cet accord visait à stabiliser le marché par un mécanisme de quotas d'exportation. Mis en place en 1962, l'accord put fonctionner grâce au rôle de producteur et de stockeur de dernier recours que le Brésil accepta de tenir avec la bénédiction des États-Unis.

En juillet 1975, une gelée détruisit les deux tiers des caféiers brésiliens. En deux ans, les prix du café furent multipliés par huit ! Confrontés ensuite à la baisse des cours, les producteurs adoptèrent une stratégie originale en créant un groupe informel, le Groupe de Bogotá, doté de 300 à 400 millions de dollars utilisés sur les marchés à terme de New York et de Londres pour soutenir et manipuler les cours. Ils y parvinrent pendant quelques mois en 1978-1979 mais la menace apparut suffisamment grave pour ramener les États-Unis à la table de négociation de l'accord international qui fut réactivé en 1980.

De 1981 à 1989, l'accord international du café connut une remarquable embellie, le seul exemple en fait de stabilisation réussie d'un marché international par une organisation multilatérale : le prix demeura dans la fourchette de l'accord (120-140 cents américains la livre), les quotas furent respectés grâce aux contrôles des pays consommateurs. Certes, un marché parallèle hors-quota se développa vers les consommateurs non-membres et commença à prendre de l'ampleur du fait de la rigidité des quotas. C'est la difficulté à répartir les contingents entre producteurs qui fut à l'origine de l'échec de l'accord : le 4 juillet 1989, le système des quotas fut suspendu et n'a jamais pu depuis être relancé. En quelques semaines, les prix du café s'effondrèrent à moins de 70 cents. Des gelées au Brésil firent remonter les cours en 1994, puis en 1997 mais, depuis, le marché s'est installé dans une situation de surproduction quasi-permanente. De nouveaux producteurs sont apparus, au premier rang desquels le Vietnam qui a dépassé la Colombie comme deuxième producteur mondial. Ces dernières années l'excédent mondial a représenté 5 à 10 % par an de la consommation. On comprendra dès lors que les prix mondiaux se soient effondrés et aient fluctué entre 40 et 60 cents la livre (ils avaient dépassé les 300 cents en 1976-1977 et 200 cents encore en 1986 et 1994).

Ce prix n'est certes guère « équitable » mais il est le malheureux résultat d'un déséquilibre de marché dont les producteurs sont les premiers responsables. Faut-il revenir à des stratégies de destruction des stocks comme au Brésil dans les années 1930 ou se contenter d'espérer qu'un jour les Chinois deviennent des consommateurs importants ? Mais le sort du café met surtout en évidence les dangers de la dépendance d'une culture d'exportation aux marchés ni justes ni injustes mais instables au gré des fluctuations des productions. Le café est un excitant parfois mais son goût est trop souvent amer.

AU HASARD DES FEUILLES DE THÉ

Jusqu'en 1998, au cœur de la cité de Londres, dans Mincing Lane, se déroulait un cérémonial curieux, pratiquement inchangé depuis la fin du XVIIe siècle : dans de grandes salles, quelques gentlemen se livraient au « *cup testing* » du thé qui allait être vendu aux enchères le lendemain. En 1998, les enchères de Londres cessèrent, condamnées par la concurrence de celles des pays d'origine, de Mombasa, de Colombo ou de Calcutta. Une page de l'histoire du thé se tournait.

Le thé vient de Chine et le premier « livre du thé » fut rédigé par un mandarin vers l'an 800. Ce sont les Hollandais de la Compagnie des Indes néerlandaises (la célèbre VOC) qui importèrent les premières feuilles de thé en Europe vers 1620. Dans son journal, Samuel Pepys nous raconte sa première dégustation en 1661. Rapidement les Britanniques devinrent d'avides buveurs de thé et Londres le centre du commerce mondial.

Pendant cent cinquante ans le marché du thé fonctionna sur la base d'un double monopole : en Chine, celui de l'empereur ; en Occident, celui de la Compagnie des Indes britanniques. Celle-ci achetait le thé à Canton, le payait en lingots d'argent et avait le monopole de la vente aux enchères à Londres. C'est pour protester contre ce monopole que les marchands américains se rebellèrent lors de la fameuse « Boston tea party » qui, en 1773, fut la première étincelle de la guerre d'indépendance américaine. Le commerce du thé eut d'ailleurs une autre conséquence moins heureuse: les administrateurs de l'East India Company, qui par ailleurs possédait l'Inde, cherchèrent à payer leurs achats de thé, autrement qu'en argent. Ils développèrent la culture de l'opium au Bengale et commencèrent à l'exporter vers la Chine. Le gouvernement chinois, protesta ce qui donna un prétexte aux Britanniques pour déclencher les célèbres «guerres de l'opium» (1839-1842) qui marquèrent le début de l'ouverture forcé de la Chine (et la cession de Hong Kong).

Entre-temps, en 1834, la Compagnie des Indes avait perdu son monopole, ce qui l'incita à développer la production en Anam en 1839 (à partir de semences dérobées en Chine) sur la base d'un système de plantations poétiquement dénommées jardins, proches toutefois de l'esclavage. À partir de 1870, le thé se développa à Ceylan à la place du café. Cela généra des fortunes, notamment celle de Thomas Lipton, un épicier de Glasgow, qui acheta des plantations. Au début du XXe siècle, ce fut le tour de l'Afrique de l'Est où le premier jardin commercial, celui de Brook Bond au Kenya fut planté en 1924.

Le monde produit aujourd'hui un peu plus de 3 millions de tonnes de thé, l'Inde et la Chine pesant pour la moitié du total mais consommant les deux tiers de leur production. Les échanges mondiaux (1,4 million de tonnes) sont marqués à l'exportation par l'Afrique, Sri Lanka, la Chine et l'Inde, et à l'importation par l'Europe (le marché britannique qui reste de peu le premier du monde), la Russie, le Moyen-Orient au sens le plus large, du Maroc au Pakistan. Produit hétérogène (on dénombre plus de 2 000 variétés sans même rentrer dans le détail des différents jardins) il continue à être vendu aux enchères à l'exception du thé de Chine. Les enchères de Mombasa qui traitent les thés africains sont celles qui reflètent le mieux la tendance mondiale.

Héritier donc de la colonisation britannique, le marché du thé a été dominé par une poignée de sociétés anglaises en partie intégrées de la plantation à la boîte et bientôt au sachet : Lipton, Brooke Bond, Tetley, Lyons, Ty-Phoo et quelques autres.

Aujourd'hui les principaux acteurs mondiaux sont Unilever (Brooke Bond et Lipton notamment) et Allied Lyons. C'est ce pouvoir de quelques grands « *tea blenders* » et au premier chef d'Unilever qui explique en partie que le thé n'ait fait l'objet d'aucun marché à terme ni d'aucune autre forme de marchés dérivés. Malgré leurs efforts, les pays producteurs ne sont pas parvenus à pénétrer en direct les marchés de consommation de masse.

Pour quelques-uns, en effet, le thé est un produit de connaisseurs qui dégustent les appellations les plus raffinées. Mais pour la plupart des consommateurs, le passage par le sachet fait plonger dans un produit quelque peu aseptisé et en tout cas fongible. Sur ce marché-là, ce qui compte c'est la dynamique du marché russe, c'est le retour aux achats de l'Afghanistan puis de l'Irak, c'est, à l'inverse, la montée en puissance de l'Afrique, du Vietnam, ce sont les aléas climatiques en Argentine, fournisseur essentiel des industriels de l'« ice tea » américain.

Le thé est un art mais son histoire est celle d'une matière première et son développement a le goût âcre de l'esclavage, de la colonisation, de l'exploitation et même d'une pincée d'opium...

LA « QUESTION DES SUCRES »

« Il est étrange qu'un produit qui charme l'enfance et adoucit la vieillesse ait été à l'origine de tant de catastrophes politiques. » Ainsi s'exprimait Benjamin Disraeli, premier ministre de la reine Victoria à la fin du XIXe siècle à propos du sucre. La « question des sucres » était alors une des causes célèbres de la diplomatie commerciale internationale.

Cent cinquante ans plus tard, le sucre reste fidèle à cette réputation : sur fond de prix mondiaux déprimés, la question des sucres se traite à Genève avec une plainte du Brésil et de l'Australie contre l'Union européenne, à Bruxelles avec la réforme du système sucrier européen mais aussi dans les pays ACP qui s'interrogent sur l'avenir de leurs débouchés à prix garantis.

Tout commença d'ailleurs par des exportations des « îles à sucre » vers l'Europe. Le sucre est à l'origine le produit et la cause du système esclavagiste. Sans esclaves, il n'y aurait pas eu un tel développement des plantations de canne aux Antilles au XVIIIe siècle. Vers 1780, Saint-Domingue (Haïti aujourd'hui) est le premier exportateur mondial d'un produit qui reste quand même de l'épicerie de luxe.

Mais à la fin du XVIIIe siècle, des savants allemands et français découvrirent le potentiel sucrier de la betterave et son intérêt agronomique comme tête d'assolement. Grâce au blocus continental, la betterave connut un premier essor en France et en Allemagne vers 1810-1814. Après quelques décennies d'oubli, la production betteravière connut une croissance prodigieuse liée à deux facteurs : d'une part le boycott par les consommateurs britanniques du sucre esclavagiste et la crise des producteurs traditionnels de sucre de canne, incapables de s'adapter ; d'autre part le système de subventions mis en place sur le continent pour favoriser la production et l'exportation de sucre de betterave. De 1850 à 1900, l'Allemagne, l'Autriche-Hongrie, la France, la Russie se livrèrent à de véritables enchères à qui financerait le plus les exportations vers le grand marché consommateur de l'époque qu'était le Royaume-Uni. Des négociations internationales, identiques sur le fond à celles qui ont lieu aujourd'hui sur le dossier agricole de l'OMC, se déroulèrent de 1861 à 1903 avant d'aboutir au premier accord international de l'histoire sur une matière première : la convention de Bruxelles qui obligeait le Royaume-Uni à mettre en place des droits compensateurs à l'encontre des pays qui continueraient à subventionner leurs exportations de sucre.

Changement de décor après la Première Guerre mondiale. C'est l'heure du développement des grandes plantations modernes de canne à sucre. Cuba et Java dominent le marché mondial, un marché qui, bien avant la crise de 1929, plonge dans la surproduction. Devant l'échec des tentatives de stabilisation internationale des prix (et la signature en 1937 du premier accord international réunissant producteurs et consommateurs avec un système de quotas), on assista à un repli général vers le protectionnisme et la préférence coloniale ou impériale.

Au lendemain de la Seconde Guerre mondiale cette tendance se renforça encore, le sucre devenant au plan international une véritable denrée politique. Cuba approvisionnait les États-Unis, puis, à partir de 1963, l'URSS et le bloc socialiste. Le Royaume-Uni signa un accord à prix garanti avec ses fournisseurs du Commonwealth. L'Europe à six se dota en 1966 d'un règlement sucre original puisqu'il prévoyait déjà un système de quotas de production. Lorsqu'en 1971, le Royaume-Uni rejoignit l'Europe, il obtint le maintien de ses vieux liens coloniaux et le Protocole Sucre de la Convention de Lomé de 1975 entérina le principe de l'importation par l'Europe de 1,4 million de tonnes en provenance des ACP (pour l'essentiel Maurice, Fidji et les Caraïbes) payées au prix garanti communautaire. Or, l'Europe était déjà excédentaire sur un marché certes fluctuant mais qui était plutôt marqué par des prix déprimés et des situations excédentaires.

Jusqu'au début des années 1970, en effet, le prix mondial resta faible, souvent inférieur à 2 cents la livre (lb) (il atteignit exceptionnellement 12,6 cents/lb en mai 1963 au lendemain de la dénonciation par les États-Unis de leurs achats à Cuba désormais castriste). En janvier 1967, on était même à 1,23 cents/lb. À partir de 1972, la situation changea : mauvaise récolte dans les pays de l'Est, incertitudes politiques liées à l'adhésion du Royaume-Uni à l'Europe, léger déficit mondial, le tout dans un climat de tension sur les prix des produits de base alimenté par une psychose de pénurie. Fin 1973, on en est à 15 cents, et puis la folie gagne le marché et les spéculateurs (les dérivés financiers n'existent pas alors et les marchés à terme de marchandises sont le seul lieu où peuvent s'exercer les passions spéculatives). En novembre 1974, le marché atteint 65,5 cents/lb. Lorsque la bulle éclate alors, elle fait de nombreuses victimes. Georges Conchon en fera un livre en 1977, *Le Sucre*, puis un film dirigé par Rouffio, qui décrit notamment le scandale du marché à terme de Paris. Dès juin 1975, les cours retombent à 15 cents et de 1976 à 1979, ils stagnent entre 7 et 9 cents.

Nouvelle flambée en 1980 : la canne cubaine est atteinte de la rouille et la production européenne est médiocre. En décembre, le marché est à 40,5 cents. Mais, là aussi, ce n'est qu'un feu de paille et dès la fin 1981, le sucre repasse sous la barre des 10 cents, niveau en dessous duquel il va rester pendant vingt-cinq ans.

Et en vingt-cinq ans, bien des choses changent. Production et consommation mondiales sont passées de 90 à 150 millions de tonnes à peu près : l'équilibre se fait toujours à un ou trois millions de tonnes de plus ou de moins. Les échanges, eux, ont doublé de 25 à 50 millions de tonnes mais surtout le marché libre en couvre désormais l'essentiel. La géographie a changé : Cuba a presque disparu de la planète sucrière et le Brésil pèse plus du tiers des exportations mondiales devant la Thaïlande et surtout l'Union européenne. Mais celle-ci, condamnée à l'OMC, vient de changer radicalement son système sucrier et ne sera plus exportatrice dès 2008. Plus que jamais, le Brésil est au cœur de la planète sucrière (cela avait déjà été le cas au XVIIe siècle lorsque les Hollandais avaient développé l'industrie sucrière du Pernambouc). Le développement de la canne à sucre y est impressionnant : plus de 400 millions de tonnes de canne qui pourraient donner 50 millions de tonnes de sucre. Mais le sucre passe désormais au Brésil après l'éthanol. Un temps moribond, le plan ProÁlcool, lancé dans les années 1980, est en pleine explosion grâce à la flambée du pétrole. L'éthanol de canne brésilien est rentable à partir de 30 à 40 dollars le baril de pétrole. Les voitures brésiliennes roulent avec un minimum de 25 % d'éthanol, mais la flotte de véhicules hybrides, beaucoup plus souples, ne cesse de se développer. Résultat, plus de la moitié des cannes brésiliennes sont utilisées en distillerie, et les investissements prévus d'ici 2011-2012 (120 millions de tonnes de cannes supplémentaires) sont à 90 % destinés à la production d'alcool.

C'est tout cela que l'on a découvert en 2005 sur le marché du sucre et qui explique la remarquable corrélation entre le prix du sucre et celui du pétrole. Et c'est vrai que de toutes les plantes, la canne à sucre est celle dont le bilan énergétique est le plus favorable. Les fonds spéculatifs ont d'autant plus parié sur le sucre qu'en tenant compte du retrait européen et des besoins en alcool, ce sont 7 millions de tonnes de besoins supplémentaires qu'il va falloir fournir au marché sans que le Brésil dispose de quelque marge de manœuvre. La suite, sur un marché presque à l'équilibre, ce sont des cours qui triplent et se rapprochent des 20 cents/lb : un joli résultat qui, pour une fois, ne doit rien à la Chine (un million de tonnes d'importations relativement régulières). Las, ceci n'aura que duré que quelques semaines. D'excellentes récoltes et surtout une dynamique brésilienne que rien ne semble pouvoir arrêter ont ramené, début 2007, le sucre à 10 cents. L'histoire du sucre est pleine de hauts et de bas. Mais entre la canne et la betterave, gardons-nous de toute analyse manichéenne (les bons et les méchants). La « question des sucres » demeure ouverte. Disraeli doit en sourire encore...

La crise du blé

Début septembre 2007, à Chicago, le blé dépassait pour la première fois la barre des 8 dollars le boisseau, le triple de ce qu'il coûtait, sept ans auparavant, au début du XXIe siècle et un niveau proche en valeur réelle de celui de l'époque de « l'arme alimentaire », au début des années 1970. À Paris, le contrat du « FOB Rouen » cotait plus de 280 euros la tonne alors que sur la campagne 2005-2006, il avait difficilement passé la barre des 100 euros. Le blé flambait, et consommateurs et médias de s'inquiéter des conséquences sur le prix du pain, provoquant même des réactions vertueuses de politiques soucieux de la défense de l'un des symboles du pouvoir d'achat. Le blé, le pain, la base de notre alimentation, toute une histoire qui se poursuit !

Dans l'Antiquité déjà, les oligarchies au pouvoir dans les villes avaient le souci premier de nourrir leurs plèbes et donc d'assurer l'approvisionnement des cités : on achetait du blé sur les marchés de la Méditerranée orientale dominés par l'Égypte que les monarques lagides avaient dotée d'un monopole public à l'exportation. Par la suite, la conquête par Rome de la Sicile, de l'Afrique du Nord et de cette même Égypte permit d'assurer les *panem et circenses* nécessaires au calme de la populace romaine.

Par la suite, toute l'histoire de l'Europe fut marquée de temps de pénurie et de disettes : le grand axe du commerce du blé était alors celui que contrôlait les villes de la Hanse et qui reliait par la Baltique les plaines de Pologne et d'Ukraine à la mer du Nord. Comme l'illustrent maintes « guerres des farines», la gestion publique des marchés agricoles n'était pas toujours exemplaire et ce n'est pas un hasard si l'un des premiers écrits du siècle des Lumières consacré à l'économie politique ait été ce «Dialogue sur le Commerce des Bleds» dû à la plume alerte d'un abbé de cour napolitain adepte des salons parisiens, Ferdinando Galliani.

Au XIXe siècle, le marché du blé devint de plus en plus mondial avec de nouveaux fournisseurs comme l'Argentine, les États-Unis, l'Australie, la Russie jusqu'en 1914. Dans les pays développés au moins, la menace des pénuries recula, voire disparut. Au contraire, il fallut à partir des années 1920 gérer les excédents et l'effondrement des prix pour les producteurs. C'est avec le blé que furent inaugurées les premières politiques agricoles visant à stabiliser les prix ou les revenus des producteurs: ce fut en France la création en 1936 de l'Office du blé qui ouvrit pour les agriculteurs et consommateurs français puis européens une longue période de stabilité «politique» des prix qui aura presque duré soixante-dix ans !

Jusqu'en 2003 au moins, en effet, le prix européen du blé a fait l'objet d'un contrôle étroit par les autorités de Bruxelles qui géraient de subtils et complexes systèmes de prix d'intervention et de seuil, de prélèvements et de restitutions: les marges de fluctuation des prix étaient sévèrement encadrées une fois les prix directeurs fixés pour chaque campagne par le Conseil des ministres de l'Agriculture. La baisse des prix orchestrée par les réformes de la Politique agricole commune (PAC) à partir de 1993 n'a pas changé les mécanismes de base de la gestion du marché européen du blé. Ce n'est en fait qu'à partir de 2003 que la Commission a commencé à relâcher son étreinte : certes il existe toujours un prix plancher (le prix d'intervention à 101 euros la tonne) mais le prix plafond a virtuellement disparu. Dès lors, lorsque, comme aujourd'hui, le prix mondial est supérieur au prix d'intervention (et ce malgré les aléas du change dollar-euro), le prix de référence européen – le FOB Rouen, le principal port d'exportation – fluctue de concert avec les autres prix d'exportation (golfe du Mexique, Rio de la Plata, mer Noire) et avec la cotation du marché à terme de Chicago. Et voilà donc les producteurs et consommateurs français qui découvrent l'instabilité du prix du blé après soixante-dix ans de régulation administrative et politique.

Il nous faut donc maintenant en Europe nous intéresser aux « fondamentaux » du marché mondial et comprendre les raisons de la flambée actuelle : du côté de l'offre il y eut l'hiver dernier la sécheresse en Australie puis la vague de canicule qui a touché toute l'Europe du Sud jusqu'à l'Ukraine : Australie, Ukraine, Union européenne en partie, voilà des tonnages qui manquent à l'exportation sur un marché mondial qui reste étroit (moins de 20 % de la production est échangée). Car la demande reste ferme, même à des prix aussi élevés (renchéris encore par le niveau record des taux de fret maritime) : il y a des pays émergents (l'Inde) et surtout les pays exportateurs de pétrole de l'Afrique du Nord au Proche-Orient dont les gouvernements ne peuvent prendre le risque de pénuries alimentaires. Le résultat est que, à la fin de la campagne 2007-2008, fin mai 2008, les stocks de report devraient être à leur plus bas niveau depuis près de trente ans ! Tout dépendra ensuite du climat et des hommes.

Mais au-delà des inquiétudes, le blé - qui ne pèse plus guère que 5 à 10 % du prix d'une baguette - a perdu dans nos pays de son importance économique. Le niveau actuel des prix doit par contre nous alerter sur ce défi majeur du XXIe siècle que sera de nourrir le monde et les plus dépendants, les seuls à souffrir vraiment aujourd'hui de la « crise du blé ».

LES TRIBULATIONS DU SOJA EN CHINE

Le 2 avril 2004, la graine de soja atteignait à Chicago le prix record de 10,50 dollars le boisseau (soit 385 dollars la tonne). À la fin de l'année, le marché était retombé à 6 dollars le boisseau, un niveau qui avait été en moyenne celui de 2003. Outre des aléas de production, en particulier aux États-Unis, la principale explication de cette évolution brutale des prix est à chercher en Chine, devenue en quelques années le premier consommateur mondial. La décision par les autorités chinoises de mettre en quarantaine au large des côtes plusieurs navires chargés de soja brésilien, affrétés par les plus grands noms du négoce international, a en effet provoqué un véritable vent de panique sur les marchés. Le refroidissement de la surchauffe économique chinoise passerait-il aussi par le soja ?

C'est pourtant en Chine qu'a commencé l'histoire du soja, probablement vers le troisième millénaire avant J.-C. dans les plaines de Mandchourie. Longtemps cette légumineuse ne fut utilisée que pour ses fèves et ses feuillages, précieux engrais vert. En Chine, son véritable développement remonte à la fin du XIXe siècle, et c'est là que se concentre alors l'essentiel de la production mondiale. Les premiers essais de production de soja en Europe (dès la fin du XVIIIe siècle) et en Amérique du Nord ne furent guère convaincants.

Il fallut attendre le début du XXe siècle – et en fait la Première Guerre mondiale qui perturba les échanges internationaux – pour que le soja se développe aux États-Unis dans la « Corn Belt » puis, de manière plus large, dans toute la zone des étés chauds, du Dakota à la Floride avec un épicentre quand même autour de l'Iowa et de l'Illinois. Le soja était alors utilisé pour son huile et le tourteau, qui est le sous-produit de la trituration de la graine, était peu valorisé. Avec 45 % de matières azotées, le tourteau de soja est pourtant une extraordinaire source de protéines et peu à peu, à partir des années 1940, avec l'intensification de l'élevage et le développement de l'élevage hors-sol (volailles et porcs en particulier), s'impose un modèle « maïs-soja » pratiquement incontournable. C'est le début du premier âge d'or du soja aux États Unis : de 1950 à 1982 la production américaine passe de 7,5 à 60 millions de tonnes. Le soja domine le marché américain des matières grasses et des tourteaux protéiques, mais il devient également indispensable aux élevages modernes, en Europe et au Japon. Alors que l'huile de soja bénéficie des programmes d'aide alimentaire américains, l'Europe devient rapidement le premier importateur mondial de graines et de tourteaux, pour l'essentiel en provenance des États-Unis, se mettant alors dans une situation de dépendance totale vis-à-vis de son fournisseur.

C'est donc la foudre qui s'abat sur les campagnes européennes le 27 juin 1973 lorsque le président Nixon décrète un embargo sur les exportations américaines de soja. Certes la production américaine fut cette année-là déficitaire mais, alors que s'ouvraient les négociations du Gatt (le Tokyo Round), les États-Unis voulaient aussi montrer à leurs « amis » européens et asiatiques la puissance de leur arme alimentaire. Ceux-ci réagirent en cherchant à réduire leur dépendance : en France, par exemple ce fut le « plan protéines » et le développement remarquable d'une filière d'oléo-protéagineux nationale. Mais on chercha aussi à diversifier les sources d'approvisionnement et c'est à ce moment-là que le Brésil entre dans notre histoire.

Le soja avait fait son apparition au sud du Brésil, dans l'État du Rio Grande do Sul au début des années 1950 et la production s'était lentement développée vers le nord. Le choc de 1973 provoqua un développement considérable de la production qui est passé de 500 000 tonnes en 1964 à 10 millions de tonnes quinze ans plus tard, puis à 25 millions de tonnes en 1989, jusqu'à atteindre près de 60 millions de tonnes aujourd'hui. La frontière du soja s'est déplacée vers le centre-ouest, vers les vastes étendues du Cerrado où sa culture se pratique en semis direct sur de vastes exploitations mécanisées. Certaines prévisions tablent pour 2007 sur une production de 75 millions de tonnes provenant de quelque 25 millions d'hectares, avec un coût de production qui était en 2003 de l'ordre de 110 à 120 dollars la tonne. Et il y aurait encore au moins autant d'hectares à défricher dans le Cerrado.

Le Brésil mais aussi l'Argentine – où le boom du soja est plus récent et qui a fait un choix tout OGM – ont profité de la relative stagnation américaine, malgré une politique agricole de plus en plus généreuse au fil des présidences, de Clinton à Bush, mais surtout de l'apparition d'un nouveau consommateur, le plus ancien en réalité, la Chine.

En Chine, les surfaces consacrées au soja n'ont en effet guère évolué, et la production a peu augmenté. Dès la fin des années 1990 la Chine était importatrice d'huiles, mais surtout de graines dont elle est devenue en 2003 le premier triturateur mondial. La croissance chinoise provoque en effet l'amélioration du niveau de vie des chinois, un régime alimentaire plus riche en viandes, un besoin accru d'aliments du bétail et donc de soja : de 2 millions de tonnes en 1996, les importations chinoises sont passées à plus de 20 millions aujourd'hui et le moindre éternuement chinois fait désormais trembler les marchés, ceux de Chicago certes, mais aussi les nouvelles Bourses de São Paulo et de Dalian, en Chine justement.

Fascinante géographie du soja qui aborde ainsi sa troisième phase. Après l'époque « asiatique » (des origines à 1940) puis la grande période « atlantique », des États-Unis vers l'Europe notamment jusque dans les années 1980, voici un nouvel axe qui émerge, du Mercosur vers la Chine : le soja, éternel pétrole vert !

« Des pommes d'or » au jus concentré

Il est un film qui a beaucoup contribué à faire connaître les marchés dérivés de matières premières au grand public en général et aux admirateurs de l'acteur américain Eddy Murphy en particulier. Il s'agit de *Un fauteuil pour deux*

(*Trading places*) un film de 1982 de John Landis. Eddy Murphy y joue le rôle d'un personnage projeté brutalement dans le monde des marchés à terme à New York, sur le « pit » du jus d'orange congelé. Mais au-delà de ces hilarantes aventures, il s'agit d'un marché mondial important, pesant plus de deux milliards de dollars et soumis aujourd'hui à de considérables contraintes environnementales et climatiques et à d'impressionnantes fluctuations.

Longtemps, les oranges furent rares et précieuses au-delà des frontières du monde méditerranéen et de la Chine où elles sont pour la première fois mentionnées au deuxième millénaire avant J.-C. Par le biais de Venise, elles commencèrent à circuler au Moyen Âge. Fondée en 1581, la britannique Compagnie du Levant importa oranges et citrons au Royaume-Uni. Par la suite, la mode des jardins fit beaucoup pour l'extension d'une forme aristocratique de culture des oranges et autres agrumes et pour leur sélection variétale : tout château de quelque importance se devait d'avoir son « orangerie » pour l'hiver et il en reste quelques beaux exemples à Versailles ou aux Tuileries. Mais les oranges restaient des fruits d'exception que l'on offrait en présent pour Noël ou que l'on accrochait aux branches des sapins.

Au XIXe siècle, les grandes plantations espagnoles de la région de Valence (La Huerta) développèrent leurs exportations. Au même moment apparut au Royaume-Uni, et surtout en Écosse autour de Dundee, une industrie de transformation en confitures : la célèbre « marmelade » bénéficiait, à l'époque du libre- échangisme total pratiqué par le Royaume-Uni, de l'accès au sucre le moins cher du monde.

Au XXe siècle, la culture des orangers se développa au gré des climats, de l'Afrique du Sud au Brésil ou à la Floride. Mais la vraie rupture intervint lorsque, aux États-Unis d'abord, le mode de consommation évolua des oranges fraîches aux jus, partie intégrante du petit-déjeuner américain. L'industrie du jus d'orange se développa d'abord de manière locale et son expansion fut liée à l'amélioration progressive des techniques de conservation, de concentration, puis de congélation et transport. Les premières usines de concentration apparurent aux États-Unis en 1923. Mais le progrès majeur fut en 1945 celui de la congélation du jus concentré, qui devint à partir de cette époque la matière première de référence de la filière cotée sur le marché à terme de New York depuis 1966.

Aujourd'hui, le jus d'orange est un produit de notre vie quotidienne mais aussi un symbole de la mondialisation. Des 100 millions de tonnes d'agrumes produits dans le monde, les oranges en représentent 60 %. À peu près 22 millions de tonnes sont pressées chaque année pour une production de jus d'orange congelé stabilisée ces dernières années à 2,2 millions de tonnes (à 65° de concentration). La production en est réalisée à 85 % dans deux « pays » : l'État de São Paulo et la Floride. Le Brésil, où les premiers vergers apparurent au XVIIe siècle, réalise plus de la moitié de la transformation mondiale à partir de 800 000 hectares d'orangers. Les vergers se sont développés notamment en réaction aux crises provoquées en 1969 puis en 1977 par les gelées qui avaient affecté la Floride. L'industrie brésilienne, contrôlée par quelques négociants internationaux comme Cargill et Dreyfus et par des coopératives, maîtrise parfaitement la chaîne logistique et approvisionne surtout le marché européen à partir de terminaux en Belgique et aux Pays-Bas.

Comme les autres commodités, le jus d'orange a connu une remarquable flambée des cours à partir de l'été 2004 : à New York, la livre est passée de 60 à plus de 200 cents de dollars fin 2006. Les raisons de pareille crise sont à la fois conjoncturelles et structurelles : conjoncturelles à la suite des cyclones qui ont affecté la Floride en 2004 et 2005 et qui ont eu pour conséquence seconde de disséminer des maladies endémiques comme le chancre ou le « greening » ; structurelles surtout avec la diminution des vergers sous la pression immobilière et la hausse des prix du foncier en Floride, du fait du développement de la canne à sucre pour la production d'éthanol au Brésil et aussi en Afrique du Sud.

D'autre part la demande reste soutenue avec l'apparition même de nouveaux consommateurs dans les pays émergents et notamment en Chine devenue, elle aussi un importateur structurel.

Ce pourrait être la chance de nouveaux producteurs en Méditerranée, pour l'instant plutôt orientés sur les oranges fraîches, et où l'industrialisation de la filière demeure embryonnaire.

Les « pommes d'or » du jardin des Hespérides retrouveraient ainsi leurs racines, celles qui faisaient rêver le « Mignon » de Goethe qui se souvenait du pays « *Wo die Goldorangen gluhn* » (où rougeoient les oranges dorées).

Des Bourses de commerce aux marchés dérivés

Les marchés des matières premières sont en effervescence : après le pétrole, puis les métaux, ce sont les produits agricoles qui entrent maintenant dans la danse. À Chicago, les contrats céréaliers flambent à la nouvelle de perspectives de sécheresse dans les grandes plaines américaines. Chicago, comme New York et Londres pour le pétrole, comme Londres aussi pour les métaux non ferreux, voilà des noms qui sonnent dans l'univers des matières premières, des hauts lieux de ce que l'on appelle aujourd'hui les marchés dérivés. On imagine – ce qui est encore le cas à Chicago – l'atmosphère enfiévrée des « parquets » (*floor*) boursiers où les marchandises pour des échéances plus ou moins éloignées sont cotées à la criée. La réalité, sur la plupart des marchés, est en fait celle de réseaux électroniques et cela fait déjà longtemps que les grandes Bourses de commerce de la planète sont virtuelles.

Tout a commencé pourtant par des marchés physiques, des foires, puis des Bourses où se rencontraient producteurs et négociants sur les marchés d'origine, importateurs et industriels dans les grands ports des pays consommateurs : pour le coton, c'était la Nouvelle-Orléans et Alexandrie d'un côté, Liverpool et Le Havre de l'autre. Pour les métaux non ferreux, c'est à Londres, capitale de la première révolution industrielle que l'on prit l'habitude de coter les métaux disponibles et puis ceux qui allaient arriver dans trois mois, le temps qui était nécessaire pour un voilier pour amener sa cargaison d'étain des détroits de Malaisie.

Très tôt en effet, les acteurs des marchés ne se limitèrent pas aux seules transactions physiques sur les produits disponibles (*cash* ou *spot*) mais échangèrent des marchandises à livrer « à terme ». Les deux marchés les plus anciens de ce type ont des origines fort différentes. Brièvement, c'est en 1636-1637 l'expérience du fameux marché des tulipes des Pays-Bas sur lequel on pratiqua pour la première fois nombre de techniques « modernes » sur les marchés actuels comme les « swaps ». Mais l'expérience la plus durable fut celle du marché du riz à Osaka à partir de 1730, dans le Japon des Tokugawa : c'est la première fois dans l'histoire que l'on rendait obligatoire l'enregistrement des transactions auprès d'une chambre de compensation (*clearing house*). C'est la présence d'une chambre de compensation qui fait aujourd'hui la différence entre les marchés organisés (futures) et les marchés de gré à gré (*over the counter* ou OTC). Dans le premier cas, le suivi des transactions, la gestion des garanties et des appels de marge offrent une sécurité financière quasi-totale aux opérateurs qui ne courent pas de risques de contrepartie.

Dans le courant du XIXe siècle on assista à une lente évolution des Bourses de commerce occidentales vers des marchés de futures : ce fut à Chicago, centre névralgique du commerce agricole américain, pour les grains du « Board of trade » (CBTO), pour les produits animaux du Mercantile Exchange (CME) ; ce fut à Londres pour les métaux (LME) et les produits tropicaux, à Hambourg pour le sucre, à Paris pour les céréales au moins jusqu'en 1936. À New York il y avait les produits tropicaux mais aussi le coton et... les pommes de terre du Maine. Jusque vers 1970 toutefois, la plupart de ces marchés attiraient peu l'attention et ne faisaient la une de l'actualité que lorsque quelques scandales les affectaient (le sucre à Paris en 1974). Mais tout change alors avec l'éclatement du système monétaire de Bretton Woods, la crise des matières premières et la fin des cartels. Les marchés de la planète passent du stable à l'instable et les vieilles Bourses deviennent des places financières : c'est la fortune de Chicago avec les marchés de taux (longs au CBOT et courts au CME) ; à New York au NYMEX, le pétrole brut remplace les pommes de terre ; c'est la création du MATIF à Paris...

La plupart des nouveaux marchés choisissent rapidement la voie de l'électronique et se dématérialisent : les vieilles criées disparaissent en dehors des États-Unis et du célèbre « ring » du London Metal Exchange (LME) où l'on cote toujours les métaux à « trois mois ». De purs marchés électroniques apparaissent comme l'ICE d'Atlanta spécialisé dans le monde de l'énergie et qui profite de la faillite d'Enron.

En 2005, il s'est échangé près de 10 milliards de contrats sur les réseaux des grands marchés électroniques de la planète : pour l'essentiel des produits financiers mais aussi des « papiers » de marchandises. Et puis à côté de Chicago et de Londres, il y a quelques nouveaux noms qui font rêver de Cochin (poivre) à Shanghai (métaux) de Dalian (soja) à Zhengzhou (céréales) sans oublier quand même Powernext à Paris avec son électricité et son CO2, et Londres où l'on cote maintenant les matières plastiques. Même avec beaucoup d'électronique et des techniques financières sophistiquées ce sont toujours des « Bourses de commerce » comme à Amsterdam en 1637 ou à Dojima au Japon en 1730.

LE CRÉPUSCULE DES POLITIQUES AGRICOLES

À Genève, depuis quelques mois, se déroule un affrontement désormais traditionnel dont l'agriculture est le champ clos : mais au-delà de la technicité des débats, de l'aridité des controverses portant sur les aides et subventions agricoles, c'est en fait le dernier acte d'une longue histoire qui se joue, celles des politiques agricoles en Occident, une histoire vieille maintenant de près de quatre-vingts ans et qu'il est essentiel d'évoquer si l'on veut comprendre les différends actuels.

Tout commence donc dans les années 1920. À l'époque, il n'existe guère de politiques agricoles et un pays comme le Royaume-Uni n'a même pas de ministère de l'agriculture. La seule arme dont disposent les gouvernements pour protéger leurs paysans est celle des tarifs douaniers, mais elle est dérisoire face à la grande crise de surproduction agricole qui s'installe dans le monde à partir de 1925. Partout les prix s'effondrent et la misère gagne les campagnes (John Steinbeck en tirera *Les Raisins de la colère*) ; les recettes traditionnelles pratiquées par des gouvernements aussi différents que ceux de Hoover aux États-Unis ou de Laval en France échouent. Dans un cadre autarcique, Mussolini par contre gagne sa « bataille du blé » en 1926. L'heure est à la protection et à l'augmentation des tarifs douaniers mais on se rend vite compte que ceci est insuffisant, que les autorités doivent être capables d'encadrer les marchés, voire même de les supprimer. En quelques années vont être jetées les bases des grandes politiques agricoles telles que nous les connaissons aujourd'hui. Elles ne furent pas le résultat de choix idéologiques mais le fruit des contraintes du moment. Ainsi aux États-Unis en 1933, le président Roosevelt fait face à une crise générale : il faut aider les « farmers » mais maintenir aussi des prix alimentaires abordables pour des consommateurs appauvris : le choix est alors naturel de mettre en place des aides directes (liées à un programme de gel des terres) en laissant une assez grande liberté au marché. C'est le contribuable qui supporte l'essentiel de la charge d'une politique agricole contraignante mais efficace. En Europe, et surtout sur le continent, la tradition nous oriente vers la mise en place de prix garantis élevés, payés donc par le consommateur dans un cadre où le marché n'a plus sa place : en 1936 en France, la loi créant l'Office du blé supprime en même temps le marché à terme de Paris. Assez logiquement, lorsqu'en 1958 se met en place la Politique agricole commune (PAC), dans une Europe déficitaire et en pleine expansion économique, le choix de prix d'intervention élevés protégés par le principe de la préférence communautaire s'impose tout naturellement pour la plupart des grandes productions. Aux États-Unis donc, le contribuable garantit les revenus de l'agriculteur ; en Europe le consommateur paie des prix garantis qui aboutissent à peu près au même résultat. Ailleurs et surtout dans les dominions anglo-saxons fortement exportateurs, on s'oriente vers des monopoles publics qui assurent une péréquation entre marché intérieur et extérieur : ce sont les « marketing boards » dont le premier, celui des céréales au Canada remonte à 1929.

L'après-guerre est l'âge d'or des politiques agricoles alors même que le poids démographique, économique et politique de l'agriculture entame un inexorable déclin. Malgré des tentatives de réforme trop souvent avortées, les politiques agricoles se figent des deux côtés de l'Atlantique : à quelques années d'écart ni Mansholt l'Européen, ni Reagan l'Américain ne parviennent à faire évoluer la PAC ou le Farm Bill. L'Europe devenue exportatrice dans les années 1970 se heurte aux États-Unis sur des marchés mondiaux dont le principal client solvable est... l'URSS.

Les politiques agricoles sont de plus en plus contestées : par les libéraux partisans du libre-échange le plus total ; par les tenants de l'orthodoxie budgétaire qui en contestent les coûts ; par les tiers-mondistes même qui en critiquent les effets sur les pays en développement. L'Uruguay Round du Gatt qui s'ouvre en 1986 devient le théâtre de l'affrontement de politiques que tout oppose. À ce petit jeu, la politique américaine plus souple et pragmatique est gagnante. C'est la PAC qu'il faut réformer en 1993 en introduisant une bonne dose d'aides directes, ce qui permet de débloquer l'Uruguay Round.

Par la suite les évolutions divergent. Après un grand « happening » libéral en 1995 (avec le « Freedom to Farm Bill » des républicains de la chambre des représentants) les États-Unis s'enfoncent dans une politique coûteuse et de moins en moins cohérente à coups de subventions et d'assurances catastrophe généralisées. En Europe où le poids des « anti-PAC », à l'image de Gordon Brown, ne cesse de grandir, la réflexion est mieux construite et aboutit à une logique de découplage dont les premières « primes uniques » seront versées en 2006. Mais pour nombre de ses productions et surtout pour le lait et la viande bovine dont la fonction d'aménagement du territoire est essentielle, l'Europe dépend toujours de prix garantis déconnectés du marché mondial, ce qui est le cœur de l'acte d'accusation des pays émergents à l'OMC.

Il n'est pas de politique agricole sans défaut : un seul pays de l'OCDE (Organisation de coopération et de développement économiques) mérite la palme du libéralisme le plus total : c'est la Nouvelle-Zélande qui doit à un gouvernement socialiste en 1984 d'avoir supprimé toute politique agricole. À l'autre extrême, des pays comme le Japon, la Norvège ou la Suisse font payer à leurs consommateurs les coûts induits par les politiques agricoles les plus onéreuses de la planète. Mais au-delà des chiffres et des méthodes, ce que nous vivons en ce dernier chapitre de l'histoire des politiques agricoles, c'est la recherche de nouvelles logiques pour financer ce que l'agriculture apporte à nos sociétés : pas seulement des productions alimentaires ou même énergétiques mais un cadre de vie, des paysages, du bien-être et nos racines. Si loin de Genève et de l'OMC... mais au cœur de la question.

CHAPITRE 2

LE TEMPS DES RÉVOLUTIONS INDUSTRIELLES

La première révolution industrielle de l'époque contemporaine a débuté au Royaume-Uni vers 1850-1860. Elle n'est pas fondée sur de grandes découvertes scientifiques mais plutôt sur des recettes mécaniques mises en œuvre non plus au stade artisanal mais dans de véritables « usines » dont les conditions de travail ressemblaient à s'y méprendre à celles des plantations esclavagistes des « îles » et dont elles avaient au fond appliqué le modèle « managérial ». C'est l'industrie textile qui la première bénéficia de ce « transfert de technologie » et rapidement les filatures de coton du Lancashire furent le creuset de la puissance industrielle britannique : le **coton** est bien au centre des échanges mondiaux dans la première partie du XIXe siècle. Il succède à la **laine** qui occupa brièvement la première place au XVe siècle.

Plus tard, un autre produit agricole connut un important développement industriel : la sève de l'hévéa, le **caout-**

chouc naturel, dont la croissance des marchés fut liée au XXe siècle à celle de l'automobile.

Mais revenons à la révolution industrielle au XIXe siècle, grande consommatrice de métaux, certains fort anciens comme l'**étain** ou le **cuivre**, d'autres à l'histoire plus récente comme le **nickel**. Peut-être plus cependant que celui des non-ferreux, le XIXe siècle fut le siècle du **fer**, ce fer dont on fit les premiers rails des « chemins de fer » et dont les échanges ont connu une croissance impressionnante, quelque cent cinquante ans plus tard avec le développement hors du commun de la sidérurgie chinoise.

Il y a enfin les métaux précieux. Longtemps après que Keynes eut condamné la « relique barbare », l'**or** continue à fasciner et il y a encore aujourd'hui de belles histoires à raconter de chercheurs d'or rêvant du gisement du siècle.

Longtemps l'**argent** suscita autant de passion et sa démonétisation n'a pas empêché quelques-unes des plus grandes spéculations de la fin du XXe siècle, des frères Hunt à Warren Buffett. Et puis, il y a aussi le **platine**, l'or blanc qui plaît tant aux belles asiatiques et dont plus prosaïquement nous équipons les pots catalytiques de nos voitures.

Mais qu'il s'agisse de fer, de métaux non ferreux ou précieux, il y a toujours des géologues et des mineurs. Le temps est loin des longs et fragiles tunnels qui perçaient la montagne de Potosi (et qui sont encore en activité au grand dam du gouvernement bolivien) : les mines sont maintenant de gigantesques carrières à ciel ouvert parcourues d'énormes machines dont les seuls pneus mesurent cinq mètres de haut. Mais les **passions minières** demeurent intactes entre quelques grandes multinationales et les intérêts de pays émergents qui tiennent à sécuriser l'accès aux ressources dont a besoin leur industrie.

Car on a beau célébrer « l'immatériel », le développement économique reste fondé sur l'industrie, sur la transformation de matières premières qu'il faut extraire toujours plus loin, toujours plus profond. La page de « l'âge du fer » n'est pas encore tournée et le sera-t-elle jamais ?

LA LAINE, PREMIÈRE MATIÈRE PREMIÈRE INDUSTRIELLE

À l'automne 2006, les prix de la laine dans les principaux centres de vente aux enchères australiens ont brutalement augmenté pour atteindre leur plus haut niveau depuis 1991 : c'était la conséquence de la forte sécheresse qui affecte un pays qui réalise plus de la moitié des exportations mondiales. Le cheptel de moutons australiens devrait en effet diminuer dans les mois à venir. La nouvelle est pourtant passée inaperçue car la laine n'occupe plus qu'une place marginale parmi les fibres textiles : 1,9 % du total contre 37 % pour le coton et surtout 60 % pour les fibres synthétiques.

Pourtant la laine fut entre le XIIe et le XVe siècle l'un des produits majeurs des échanges internationaux, indispensable aux premiers développements industriels, ceux des draperies et tissus des Flandres. Ceux-ci assuraient la transformation de la laine importée d'Angleterre et réexportaient leurs draps vers l'Italie par le biais des foires de Champagne. Du XIIe au XIVe siècle, l'Angleterre fut le principal exportateur de laine : ses marchands s'organisèrent à partir de 1361 autour de « l'étape » (*the staple*) de Calais, d'où le nom de leur monopole, les « Merchants of the Staple » qui fut une des premières sociétés de commerce internationale au monde. Mais bientôt les monarques britanniques choisirent de privilégier leur propre industrie textile et l'Angleterre devint exportatrice de tissus de laine par le biais d'une autre compagnie au nom évocateur, les « Merchants Adventurers ».

Mais le continent put se passer d'autant mieux de la laine anglaise que se développait la production espagnole à partir des moutons mérinos introduit au XIIe siècle par les Almohades. En Espagne, l'histoire de l'élevage ovin fut celle de l'organisation à grande échelle de la transhumance sur d'énormes distances : en 1273, le roi de Castille organisa une « Association nationale des bergers » qui se transforma en un véritable monopole lié à la couronne, la « Mesta » qui survécut jusqu'au début du XIXe siècle. Dès le XIIIe siècle, la laine espagnole était exportée par Bilbao et Santander. Comme en Angleterre, le commerce était réglementé et en 1462 on limita même les exportations à deux tiers de la tonte annuelle, ceci afin d'encourager la production nationale de draps.

En 1492, l'expulsion des juifs perturba tellement les circuits commerciaux qu'il fallut créer deux ans plus tard une organisation centrale, le « consulado de Burgos » qui se dota de comptoirs à Bruges, Londres, La Rochelle et Florence. Mais la Mesta, son système de transhumance et d'élevage extensif, ses privilèges aussi, contribuèrent au déclin économique de l'Espagne et ce d'autant plus que les fameux Mérinos furent introduits en 1720 en Suisse puis en Saxe et à Rambouillet.

Mais un autre âge de la laine allait bientôt commencer. En 1807, une première cargaison de laine en provenance d'Australie fut déchargée à Londres. Quelques décennies plus tard était constitué un axe Australasie-Londres qui domina le marché mondial de la laine jusqu'en 1930. La laine était vendue aux enchères à Londres avant d'être réexportée sur toute l'Europe. Autour de Bradford, l'industrie britannique était la première du monde. Mais au lendemain de la Première Guerre mondiale, le rôle de Londres comme plaque tournante du commerce de la laine commença à diminuer ; des marchés à terme apparurent à Anvers, Roubaix, Brème, puis à New York. Les enchères se développèrent en Australie et en 1922, les volumes traités à Sydney dépassaient pour la première fois ceux de Londres.

Après la guerre, alors que l'industrie lainière européenne entrait dans une longue crise et que les zones de consommation évoluaient vers l'Asie et de plus en plus vers la Chine, c'est en Australie que se déplaça le centre de gravité mondial de la laine. En 1971, le gouvernement australien se lança dans une expérience originale de régulation des cours et créa pour ce faire l'Australian Wool Corporation (AWC) chargée de gérer un stock d'intervention. Efficace pendant quelques années, cette politique devint intenable face à la surproduction mondiale de la fin des années 1980. Début 1991, le stock australien représentait un an de production, les deux tiers des échanges mondiaux. En février 1991, le gouvernement imposa un changement drastique de politique et la liquidation du stock sur les sept années suivantes. Les prix s'effondrèrent brutalement et l'Australie a payé très cher le coût de l'ajustement de la demande mondiale. Il aura donc fallu la « sécheresse du siècle » pour que la laine retrouve quelque vigueur, soutenue en cela par la demande asiatique.

De « l'étape » de Calais à la Mesta ibérique, des enchères de Londres à celles de Sydney, des mérinos d'Afrique du Nord aux draps des Flandres puis aux laines ultrafines d'Australie, l'histoire de la laine est bien au cœur de la mondialisation avec l'éternelle tentation, des souverains anglais ou espagnols à l'AWC, d'en assurer - sans grand succès - la régulation.

Itinéraire du coton

Cancun, septembre 2003 : la conférence de l'OMC censée faire le point à mi-parcours du Cycle de négociations de Doha se sépare sur un constat d'échec. Parmi les nombreux dossiers en panne, l'un revêt une dimension symbolique toute particulière dans le cadre d'un dialogue Nord-Sud bien mis à mal ces dernières années : il s'agit du coton, un invité de dernière minute qui n'était pas au programme officiel, mais que la colère de quelques millions de planteurs africains contre les subventions agricoles américaines a poussé au premier plan. Pour beaucoup d'observateurs, cette affaire paraît presque anecdotique par rapport aux vrais enjeux de Doha et de Cancun, qu'il s'agisse des pics tarifaires, des services, de la propriété intellectuelle ou même, pour les pays du Sud, des médicaments génériques. Longtemps pourtant le coton fut au cœur des affaires mondiales.

Le coton, peut-être plus encore que le charbon ou l'acier, est lié à l'histoire de la grande révolution industrielle qui bouleversa le monde occidental à partir du Royaume-Uni à la fin du XVIIIe siècle. À partir des « inventions » mécaniques de Crompton (la célèbre « mule jenny ») et d'Arkwright d'une part, du développement des premières usines sur le modèle des plantations esclavagistes des Antilles d'autre part, l'industrie textile du Lancashire connut une prodigieuse expansion. La matière première, le coton, vint d'abord du Levant (l'actuelle Syrie) puis des Antilles et du Brésil. En 1785, les premiers plants de coton furent introduits sur le sol américain : de 40 000 balles (ou balles de 500 livres, soit un peu moins de 220 kg), la production passa à 400 000 balles en 1821, dépassa les 5 millions en 1860 et atteignit les 10 millions de balles en 1892. Les États-Unis approvisionnent le Royaume-Uni puis le continent au fil du développement de l'industrie textile. Entre la Nouvelle-Orléans et Liverpool se bâtissent les fortunes des premiers rois du coton. C'est aussi dans le financement du commerce du coton que quelques-uns des grands banquiers du XIXe siècle, comme les Barings, firent leur début. Avec la pose des premiers câbles sous-marins en 1866, les marchés se rapprochèrent et le prix du marché à terme de Liverpool devint la référence mondiale. Un chef-d'œuvre de Degas, peint en 1873 et maintenant au musée de Pau, « Intérieur d'un bureau d'acheteurs de coton à la Nouvelle-Orléans », rend bien l'ambiance d'une époque où le coton était la principale recette d'exportation des États-Unis. Seule perturbation, la guerre de Sécession poussa au développement du coton en Égypte et au Soudan ; Alexandrie et Bombay, en Inde, firent leur apparition sur la carte des marchés mondiaux. À la fin du siècle, sur une production mondiale de 14 millions de balles

(90 millions de balles en 2003), les États-Unis en représentaient plus de 60 % loin devant l'Inde (15 %) et l'Égypte (8 %). Le sud des États-Unis (Texas Géorgie, Alabama, Mississipi) vivait à l'heure du « roi coton ».

La domination américaine sur le marché du coton se prolongea pendant presque tout le XXe siècle, mais les consommateurs évoluèrent : l'Europe continentale suivit de quelques années le déclin britannique alors que se développaient les marchés asiatiques. La crise de l'entre-deux-guerres frappa durement le marché dont les prix s'effondrèrent sous le poids de la surproduction. Le gouvernement égyptien tenta d'intervenir et en vint à détenir en 1932 la moitié du stock de report mondial. En 1933, l'Agricultural Adjustment Act américain mit en place un système d'aides directes et de réduction des surfaces consacrées au coton. Au lendemain de la guerre, les États-Unis continuèrent de soutenir le marché en entretenant un énorme stock d'intervention qui atteignait 11,5 millions de balles en juillet 1965. Celui-ci fut liquidé dans les années suivantes, la politique américaine se concentrant alors sur un système d'aides à l'exportation (*marketing loans*). La production se stabilisa entre 16 et 20 millions de balles, mais se concentra, passant de deux millions de planteurs dans les années 1930 à 31 500 en 1997.

Pendant ce temps, la production mondiale triplait sur le dernier demi-siècle : premier consommateur mondial, la Chine est devenue le premier producteur mondial mais aussi un importateur de plus en plus régulier. Les besoins de l'URSS provoquèrent le développement de la production en Asie centrale (en 1956, au lendemain de l'affaire de Suez, le coton égyptien avait alimenté les filatures des pays communistes mais les accords de troc n'avaient pas survécu à la fin du régime nassérien). L'Ouzbekistan prit le relais avec, à la clé, quelques désastres écologiques autour de la mer d'Aral.

Enfin, la culture du coton fit une percée remarquable en Afrique francophone (on parle du coton CFA en particulier dans les régions sahéliennes). C'est là, sans conteste une des plus belles réussites de la colonisation puis de la coopération française. Dans presque chaque pays fut créée une société nationale contrôlée en partie et en tout cas gérée par une société publique française, la CFDT (Compagnie française des textiles, devenue Dagris). Cette société avait la responsabilité du financement de la campagne (achat d'engrais...), de la collecte, de l'égrenage et des exportations par le canal du groupe CFDT. Le développement de la culture du coton eut aussi un impact positif sur les cultures vivrières et fut une véritable aubaine pour les pays les plus pauvres de la région comme le Mali, le Burkina Faso ou le Niger. Le système fonctionna d'autant mieux que la CFDT put conserver son contrôle sur les sociétés nationales et les maintenir à l'écart de toutes tentations spoliatrices de la part des gouvernements locaux.

La réussite du coton ouest-africain tient donc à des monopoles nationaux contrôlés par une société publique française : un véritable schéma néocolonial que n'ont cessé de dénoncer les institutions de Washington (Banque mondiale et FMI) au nom d'un nécessaire libéralisme : au fil des plans d'ajustement structurel, nombre de pays, comme la Côte-d'Ivoire et le Cameroun, ont dû accepter de privatiser leurs filières cotonnières avec des résultats mitigés.

Celles-ci ont de toute manière été mises à mal par l'effondrement des prix du coton provoqué par les excès de la politique agricole américaine, en particulier depuis 1998. Les États-Unis sont de loin le premier exportateur mondial (10 millions de balles) devant l'Afrique francophone et l'Ouzbekistan (3 à 4 millions de balles). Leurs aides directes ont provoqué un effondrement des prix de 80 à 40 cents la livre dans un climat de surproduction. La hausse des dernières semaines de 2003 liée à la force de la demande chinoise a à peine atténué les problèmes des producteurs africains ou brésiliens. Ces derniers ont finalement porté plainte devant l'OMC et y ont remporté une victoire qui restait encore en 2007 symbolique.

Condamnés à l'OMC, les États-Unis n'ont en effet pas bougé (alors que l'Europe cessait toute forme de soutien au coton en Espagne et en Grèce). De l'avis des Américains libéraux, le dossier américain est indéfendable. Mais «*king cotton*» est toujours là !

L'ÉLASTICITÉ DU CAOUTCHOUC

«Les prix du caoutchouc sont trop élastiques ! » La célèbre remarque de l'un des personnages dessiné par Plantu certes fait mouche mais s'applique assez mal à la sève de l'hévéa, l'arbre qui pleure ! Non pas que l'histoire du caoutchouc ne soit faite de crises et de rebondissements, de déplacements d'un continent à l'autre, de Manaus au Liberia en passant par les sortilèges malais et indochinois. Mais dans la période la plus récente, le marché du caoutchouc, concentré pour l'essentiel en Asie du Sud-Est, a fait l'objet d'un contrôle relativement efficace d'abord dans le cadre d'un accord international puis directement par les producteurs eux-mêmes.

On connaît l'histoire du caoutchouc : « découvert » par La Condamine au XVIIIe siècle, utilisé de manière industrielle grâce aux découvertes de Macintosh et de Goodyear, suivies par les innovations de Dunlop et de Michelin, exploité par les « seringueiros » de la forêt amazonienne, volé en 1876 par un planteur britannique qui parvint à faire germer quelques graines en Angleterre avant de les envoyer à Ceylan et les essaimer dans toute l'Asie du Sud-Est.

De l'épopée brésilienne, il ne reste que la légende de Manaus et de son opéra. En Afrique, la célèbre plantation de 400 000 hectares de Firestone au Liberia n'est plus que décombres. La production de caoutchouc est aujourd'hui pour l'essentiel asiatique : les vieilles plantations malaisiennes et indochinoises ont toutefois cédé le pas aux producteurs thaïlandais et indonésiens disposant d'une main-d'œuvre plus abondante.

C'est que la culture de l'hévéa et la récolte du latex sont peu mécanisables et font traditionnellement appel à une main-d'œuvre importante, souvent féminine. Contrairement aux cartes postales jaunies des vieilles plantations coloniales, plus des trois quarts de la production asiatique est le fait de petits planteurs familiaux.

Élastique, le marché du caoutchouc le fut dès l'origine, lié très étroitement aux aléas conjoncturels de son principal débouché, le secteur automobile. En 1922, on assista à un premier effort de contingentement de la production dans le cadre du Plan Stevenson mis en place dans les colonies britanniques : mais il fut emporté par la crise de 1929 qui provoqua un effondrement des cours. En 1934, ce fut la signature du premier véritable accord international entre producteurs qui visait à réguler production et exportations. La guerre provoqua sa disparition et fut par ailleurs l'occasion du développement des caoutchoucs synthétiques qui représentent aujourd'hui à peu près 60 % de la consommation mondiale d'élastomères.

L'idée de la stabilisation fut reprise dans les années 1970 dans le cadre du Programme intégré des produits de base lancé lors de la réunion de la Cnuced (Nations unies) à Nairobi en 1976. Le caoutchouc naturel fut en fait le seul produit pour lequel on parvint à signer un nouvel accord de stabilisation fondé sur un mécanisme de stock régulateur. Négocié en 1979, il put encore bénéficier de la présence des États-Unis, quelques mois avant le virage radical de leur politique en ce domaine et le début de l'isolationnisme libéral reaganien.

Durant ses vingt années de fonctionnement - un record - l'accord international eut une efficacité raisonnable : pendant six ans seulement les prix se situèrent à l'extérieur de la fourchette de stabilisation de l'accord : au-dessus en 1980, 1988 et 1994-1995, au-dessous en 1982 et 1985. L'action du stock régulateur était, il est vrai, appuyée par la cohésion entre les trois grands producteurs, Malaisie, Indonésie, Thaïlande. En 1999 cependant, le stock se révéla incapable d'enrayer la baisse des prix faute de financements supplémentaires.

L'accord sur le caoutchouc était alors le dernier survivant de tous les accords de stabilisation des marchés de matières premières : en ces temps d'économie de marché triomphante, ce n'était vraiment plus une problématique à la mode et on jugeait le mécanisme du stock peu efficace et trop coûteux. En février 1999, la Thaïlande décida de se retirer et le 30 septembre 1999 il fut décidé de mettre fin à l'accord international et de liquider le stock qui était alors de 135 000 tonnes.

Les deux années suivantes, le marché du caoutchouc fut particulièrement déprimé subissant le contrecoup de la récession mondiale de 2001-2002. En juillet 2001, les trois grands producteurs, qui pesaient 62 % de la production mondiale, décidèrent la création d'un Conseil tripartite transformé en octobre 2003 en « International Rubber Company ». À l'origine, il s'agissait de réduire la production (de 4 %) et les exportations (de 10 %). Par la suite, le consortium devait pouvoir intervenir directement sur les marchés. L'occasion ne s'en est pas présentée puisque, depuis 2003, les prix du caoutchouc ont été particulièrement soutenus du fait de la reprise mondiale et de la dynamique chinoise dont la demande a augmenté de 75 % entre 1999 et 2005.

Les producteurs se sont néanmoins dotés d'un outil de coordination et d'intervention qui devrait à l'avenir leur permettre de modérer l'élasticité des prix d'un produit sensible aussi bien aux fluctuations du pétrole (pour le caoutchouc synthétique) qu'à l'apparition de nouveaux producteurs comme le Vietnam : un exemple à méditer pour nombre d'autres matières premières et qui montre bien qu'un minimum de collaboration entre producteurs ne nuit pas à l'efficience des marchés.

L'ÉTAIN EN QUÊTE DE STABILITÉ

Au moment où l'on s'interroge sur la capacité de l'Opep à maîtriser une partie au moins du marché du pétrole et où certains évoquent même l'intérêt qu'il y aurait à en stabiliser le prix par le biais d'un accord international, il est intéressant de revenir sur le produit qui a fait l'objet des tentatives les plus abouties et les plus réussies de contrôle et de stabilisation des prix au plan international : l'étain sur la longue période allant de 1921 à 1985.

L'étain est un très vieux métal dont nous aimons encore aujourd'hui la vaisselle mais qui eut une importance stratégique au temps où les canons étaient de bronze (alliage cuivre et étain), ce qui fit la fortune des mines de Bohème. Par la suite, l'étain fut surtout utilisé pour la production de fer-blanc et profita de l'essor de la conserverie alimentaire qui représente toujours son premier débouché devant l'industrie électronique qui l'utilise pour les soudures.

Au XIXe siècle, le commerce de l'étain se développa à Londres, d'abord à partir de la production de Cornouailles puis en réexportant le métal en provenance des détroits de Malaisie et d'Australie. Les affaires qui se traitaient à la Jérusalem Coffee House furent transférées à partir de 1877 au London Metal Exchange dont l'étain fut, avec le cuivre, le premier produit coté à terme (un terme qui est encore aujourd'hui de trois mois, le temps qu'il fallait à un navire pour venir des détroits).

Dès le lendemain de la Première Guerre mondiale, le marché de l'étain fut confronté à une situation de surproduction. En 1921, les gouvernements coloniaux de Malaisie et des Indes néerlandaises fondèrent le « pool de Bandoeng » et s'engagèrent dans un plan de contrôle de la production. Celui-ci fut élargi à d'autres producteurs qui, en 1934, participèrent à la création d'un stock régulateur : l'idée était nouvelle et audacieuse et fut, somme toute, assez efficace. Le mécanisme du stock, financé à la fois par les gouvernements et des intérêts privés, comme le célèbre groupe Patino de Bolivie, et s'appuyant à certains moments sur des quotas d'exportation, permit de stabiliser le marché et d'éviter les situations de marasme qui caractérisaient alors les autres grands métaux.

Après la guerre, l'étain profita des tensions liées à la guerre de Corée puis de la demande supplémentaire liée à la constitution du stock stratégique américain (qui représentait en 1962 deux ans de consommation... mondiale). En 1956 fut signé un accord international réunissant pour la première fois producteurs et consommateurs et un stock régulateur de 20 000 tonnes (un peu plus de 10 % de la consommation mondiale) fut créé. Tout fonctionna à peu près bien jusqu'au début des années 1980. L'étain était même considéré comme un modèle de gestion intelligent d'un marché et servit de référence aux efforts entrepris par la Cnuced dans son programme intégré des produits de base, à partir de 1976.

Peu à peu cependant le directeur du stock régulateur, le Hollandais Peter de Koning, fut amené à intervenir de plus en plus lourdement sur un marché qui devenait structurellement excédentaire. L'accord prévoyait un prix minimum de 29,15 dollars malais le kilogramme. Mais le marché de référence à Londres cotait en sterling. Dans un premier temps, la hausse du dollar facilita la tâche du directeur du stock : le prix en sterling était poussé mécaniquement à la hausse et le stock pouvait à moindre coût manipuler le marché à terme dont il devint rapidement le principal acteur. Mais en 1984, la politique monétaire américaine changea et le dollar commença à s'affaiblir.

Sur un marché en sterling orienté à la baisse, la position du stock devint vite intenable : début 1985, il détenait 55 000 tonnes d'étain physique mais avait une position acheteur qui, en octobre, était de 70 000 tonnes. Et les caisses étaient vides. Le 24 octobre 1985, Peter de Koning téléphona au président du LME pour annoncer que le Conseil international de l'étain était dans l'incapacité d'honorer ses engagements qui portaient alors sur près de 200 millions de livres sterling. La crise fut violente et le LME s'en trouva ébranlé. Il s'ensuivit plusieurs années de litiges avant que les pays membres du Conseil international de l'étain n'acceptent de payer, en 1989, à peu près un tiers de sa dette. La leçon était en tout cas claire. Un stock régulateur, aussi bien géré soit-il, ne peut rien faire sur un marché structurellement excédentaire et même pour un « petit » produit comme l'étain, il est presque impossible d'obtenir quelque discipline de la part des producteurs.

Au lendemain de la crise, les cours s'effondrèrent des deux tiers et sont restés ensuite déprimés jusqu'à atteindre un minimum historique à la fin 2001 avec la montée des exportations indonésiennes et chinoises. Depuis le marché s'est apprécié de 140 %, revenant, en dollars courants, à ses niveaux de 1985. Comme pour d'autres produits, la Chine en est devenue le principal acteur à la fois producteur, consommateur et exportateur. Mais qui parle encore de stabiliser le prix de l'étain ?

La saga du Nickel

Au XVIIe siècle, les mineurs de Saxe pestaient contre un minerai de cuivre chargé d'impuretés qu'il était difficile de séparer et de raffiner : ce « kupfer-nickel » devint le cuivre du « vieux nick » traduit librement en français en « métal du diable » qu'un chimiste suédois parvint à isoler enfin en 1751. Cette réputation de métal du diable, le nickel l'a conservée, si l'on en juge par la volatilité de son marché qui a fluctué, ces vingt dernières années, entre 3 000 et 20 000 dollars la tonne ! Plus récemment, le nickel qui valait à peine 4 000 dollars la tonne à la fin de 1998 s'est envolé à plus de 15 000 dollars au début de 2005, valait 34 000 dollars à l'automne 2006 et dépassait 50 000 dollars au début du printemps 2007. De tous les métaux non ferreux, le nickel est de beaucoup le plus instable, celui qui amplifie, dans un sens comme dans l'autre, avec le plus bel enthousiasme, les aléas de la conjoncture économique mondiale.

C'est que la production de ce « petit » métal (1,3 million de tonnes produites dans le monde) est un condensé de nombre de problèmes géopolitiques de la planète : des « peuples premiers » canadiens, des indépendantistes néo-calédoniens, des oligarques russes, Cuba et puis, bien sûr, l'insatiable appétit de la Chine.

Longtemps le nickel est pourtant resté à l'écart de ces tumultes. À la fin du XIXe siècle, c'est en Nouvelle-Calédonie que commença son histoire avec la découverte par Jules Garnier du minerai oxydé qui porte son nom et avec la fondation, en 1880, de la société « Le Nickel ». Mais, c'est au début du XXe siècle que débute la véritable phase industrielle avec la mise en exploitation du gisement de minerai sulfuré de Sudbury au Canada. Sous la houlette du banquier J.-P. Morgan, la plupart des mines canadiennes se regroupèrent dans l'International Nickel Company qui pesait déjà 55 % de la production mondiale en 1913. « Inco » renforça encore sa position dans les décennies suivantes et dans les années 1950 représentait 85 % de la production occidentale de nickel.

Par la suite, d'autres producteurs apparurent comme le canadien Falconbridge (1928), l'américain Freeport à partir de Cuba (1941) et, plus tard, les combinats soviétiques à partir de la péninsule de Kola, dans l'Arctique.

Utilisé dans l'industrie de l'acier inoxydable et pour les super-alliages, le nickel fut considéré comme un métal stratégique et bénéficia des achats du stock stratégique américain dans les années 1950. Le monde occidental s'accommodait alors d'un système de prix producteur déterminé par Inco : le prix du nickel était le prix d'Inco et les autres producteurs s'alignaient. C'était le cas typique d'un « oligopole en paix » s'abritant sous « l'ombrelle » du plus important producteur. Pourtant, la part d'Inco se réduisait peu à peu au fil de nouveaux développements au Canada, en Australie, en Afrique... : de 65 % en 1960, elle n'était plus que 50 % en 1970, de 32 % en 1980.

En 1979, l'ouverture au London Metal Exchange d'un contrat de nickel permit le développement du marché libre ; pour la première fois en 1981, Inco dut accepter de baisser ses prix avant de rendre les armes. Le marché avait gagné ; dans les années 1980, il fut même le terrain d'une féroce guerre des prix qui laissa exsangue la plupart des petits producteurs et qui ouvrit la voie à la flambée des prix de 1988-1989.

Depuis, le « Monopoly » du nickel n'a cessé de changer. Au Canada, les deux producteurs locaux, Inco et Falconbridge, se sont battus pour ce qui devait être le gisement du siècle : programmée pour 1996 par Inco, la mine de Voisey Bay commence à peine à produire dix ans plus tard. Il est vrai que son exploitation a donné lieu à d'intenses batailles juridiques et financières avec les « peuples premiers » indiens propriétaires des territoires concernés, au nord-est du Labrador, ainsi qu'avec la province de Terre-Neuve. Après avoir tenté de fusionner, Inco et Falconbridge ont été rachetés, l'un par le mineur de fer brésilien CVRD, l'autre par la multinationale suisse Xstrata.

En Russie, la production de nickel a donné naissance à l'une des grandes réussites de l'oligarchie post-soviétique, le groupe Norilsk de Potanine et Prokhorov, devenu le premier producteur mondial, coté sur le marché de New York, actionnaire de mines d'or sud-africaines. En Australie, les espérances liées à l'utilisation d'un nouveau procédé de traitement de latérites (par lixiviation) ne se sont concrétisées que fort lentement mais devraient permettre à des producteurs comme BHP-Billiton de réduire de manière sensible leurs prix de revient (BHP Billiton devenu le troisième producteur mondial avec le récent achat de l'Australien WMC Resources).

Il reste enfin la Nouvelle-Calédonie, qui détient 30% des réserves mondiales et qui suscite maintes convoitises: longtemps chasse gardée de la SLN, devenue Eramet, le nickel néo-calédonien a été l'objet de grandes manœuvres à la fois financières et politiques sur fond de concurrence entre les grands acteurs mondiaux et entre les autorités provinciales elles-mêmes, le tout dans la perspective de l'indépendance éventuelle de l'île. Inco, associé aux japonais Sumitomo et Mitsui, a développé le projet de Goro (qui avait été gelé de 2002 à 2004 pour dépassement de budget). Avec la province Nord, Falconbridge a obtenu la mine de Koniambo, propriété d'Eramet jusqu'en 1998, à la stricte condition que le projet d'usine de traitement soit engagé avant la fin de l'année 2005. Au total, ce sont plus de quatre milliards d'euros qui seraient investis dans le développement minier et métallurgique de la Nouvelle-Calédonie. C'est là une belle rente en perspective, mais aussi une bien dangereuse dépendance pour une île dont le sort - faute de diversifications - sera plus que jamais lié aux «yoyos» erratiques du prix du nickel.

Pour l'instant, les tensions du marché sont liées à l'appétit chinois. La demande chinoise a augmenté de 24% en 2004 et représente 20% de la consommation mondiale directe et indirecte (par le biais de produits contenant du nickel). En 2006 encore, la production chinoise d'acier inoxydable a augmenté de 60%! Importateurs nets, les Chinois cherchent à sécuriser leurs approvisionnements: ils participent à des développements en Papouasie-Nouvelle-Guinée, au Myanmar, à Cuba et en 2004 la société publique chinoise Minmetals a été en négociation avancée pour le rachat de Noranda, la maison mère de Falconbridge. Ce projet aurait abouti à la prise de contrôle chinoise sur une partie du nickel néo-calédonien: une perspective à faire frémir le premier indépendantiste canaque venu.

Le métal du diable continue donc à fasciner. Les ressources ne manquent pas, surtout si l'on y ajoute celles des nodules polymétalliques du fond des océans (200 ans de réserves). Les investissements vont bon train et les déficits actuels pourraient ne pas durer: des déserts d'Australie aux rivages russes de la mer Blanche, de la Nouvelle-Calédonie au Grand Nord canadien, les projets sont légion et dépendent de la bonne santé de l'économie mondiale et surtout de la demande chinoise. Le diable seul sait si celle-ci sera toujours... inoxydable !

Les flambeurs du cuivre

Entre 2000 et 2006, le prix du cuivre a triplé faisant du métal rouge l'une des « stars » de la flambée qui a embrasé les marchés internationaux. La responsabilité en est partagée par la Chine dont les besoins ne cessent d'augmenter et, du côté des producteurs, par le Chili qui avait volontairement limité son offre en 2002-2003, par l'Afrique aussi dont la production, dans la « Copper belt » du Katanga et de Zambie, ne parvient pas à repartir dans une région dévastée par les guerres civiles et l'épidémie de sida. Encore une péripétie dans l'histoire d'un métal qui, de « l'âge de bronze » (alliage de cuivre et d'étain) aux technologies de l'information (qui n'ont pas répudié les fils de cuivre), est resté le plus stratégique de tous, le théâtre aussi de maintes manipulations et autres spéculations.

Le cuivre fut ainsi le métal fondamental de l'Europe de la Renaissance. La production de cuivre argentifère du Tyrol et de Hongrie servait en particulier à fondre des canons. Exportée par Venise vers le Levant et les Indes, elle servait de monnaie d'échanges pour acquérir poivre et épices. Le cuivre fit alors la fortune des Hasbourg et surtout de la dynastie de négociants d'Augsbourg, les Fugger. Banquier de Maximilien, le gendre de Charles le Téméraire, Jacob Fugger, mit en place un syndicat pour stabiliser le marché du cuivre sur la place de Venise. En 1524, Luther fustigeait le « pur et véritable monopole » qui régnait sur le marché du cuivre et estimait, comme un moderne Mario Monti (qui fut un célèbre Commissaire européen à la concurrence), qu'« il faudrait passer un frein dans la gueule des Fugger » !

Passons quelques années : au début du XVIIe siècle, le cuivre vient de Suède et son marché est dominé par la place d'Amsterdam où, pour la première fois, arrive en 1629 une cargaison de cuivre japonais. On est encore loin d'une véritable mondialisation et, pour l'essentiel, le Japon exporte son cuivre vers l'Asie et surtout la Chine.

Changement de paysage au début du XIXe siècle. En pleine révolution industrielle, le Royaume-Uni prend la main sur le marché du cuivre. On produit certes du cuivre en Cornouailles, mais l'Angleterre importe du minerai européen, d'Espagne par exemple (les mines de Rio Tinto) et dispose d'un véritable monopole au stade du raffinage autour de Swansea. Mais les gisements européens sont vite insuffisants pour satisfaire les nouveaux besoins industriels. À la fin du siècle, un tiers de la production mondiale vient d'Amérique du Nord et Américains et Britanniques développent la production du Chili. Le cartel de Swansea éclate. En 1877 est créé à Londres un marché à terme, le London Metal Exchange, qui cote un contrat de cuivre origine Chili ou Espagne. Dix ans plus tard, le marché est le théâtre d'une gigantesque manœuvre de « corner » (ou accaparement). Un industriel français, Eugène Secrétan, convainc un syndicat de banques mené par le Comptoir d'escompte de Paris (un des ancêtres de l'actuelle BNP), de prendre le contrôle de l'ensemble de la production mondiale : d'une part il achète tous les stocks disponibles, d'autre part il signe des contrats d'exclusivité avec trente-neuf mines dans le monde. Les prix montent, mais le coût en est énorme d'autant plus que des mineurs indépendants profitent de la situation. En mars 1889, le directeur du Comptoir d'Escompte se suicide, révélant ce que la presse de l'époque appelle le « scandale des cuivres » avec des pertes de 80 millions de francs de l'époque.

Au XXe siècle, la production mondiale de cuivre est concentrée dans les mains de quelques « multinationales » (ou plutôt « coloniales ») : les américaines Anaconda et Kennecott, les belges de l'Union minière du Haut-Katanga, les britanniques Rio Tinto, Anglo-American et Roan... À plusieurs reprises, en 1926 puis en 1960, ils essaient de constituer un cartel pour tenir les prix face aux turbulences des marchés, à la crise de 1929 puis à celle des années 1960. Malgré leur forte concentration (en 1948, sept firmes contrôlent 70 % de la production mondiale) ces tentatives se soldent rapidement par des échecs.

De toute manière, dans les années 1960, l'heure n'est plus au colonialisme. La plupart des pays producteurs nationalisent leurs mines de cuivre : au Chili, c'est le gouvernement du démocrate chrétien, Eduardo Frei, qui crée la Codelco, qui est toujours le premier producteur mondial (et qui, du fait de sa position symbolique, n'a pas été privatisée). Le Pérou, le Zaïre, la Zambie et l'Indonésie font de même. Ces pays créent en 1967 à Paris une association de producteurs, le Cipec. Dans la foulée du premier choc pétrolier et de l'Opep, le Cipec essaya, entre 1974 et 1976, de contrôler l'offre de cuivre et de limiter les exportations. L'échec fut total et, au contraire, les derniers prix producteurs disparurent, laissant la place au seul marché de Londres.

À la fin du XXe siècle, la géographie du cuivre change encore. L'Afrique s'enfonce dans un long marasme. Les paras ont beau sauter sur Kolwezi, il n'y a plus rien à sauver et la production zaïroise disparaît presque entièrement. En Zambie, c'est l'épidémie de sida qui fragilise la zone minière. Lorsque ces deux pays cherchent à privatiser leurs compagnies minières, il n'y a aucun candidat sérieux ; le groupe sud-africain Anglo-American se retire même au bout de quelques mois pour investir au Chili. Le Chili produit aujourd'hui plus du tiers du cuivre mondial avec Codelco, mais aussi avec de nouveaux mineurs internationaux qui font leur retour comme Anglo-American, Phelps Dodge, Rio Tinto ou le mexicain Grupo Mexico.

Un siècle après le « corner » de Secrétan, un japonais s'attaque lui aussi au marché : en 1996, Yasuo Hamanaka, le patron du négoce du cuivre du groupe japonais Sumitomo, appuyé, dit-on, par des intérêts chiliens et chinois, doit avouer des pertes estimées à 3 milliards de dollars ! De Jacob Fugger à Sumitomo, du cartel de Swansea au Cipec, de Secrétan à Hamanaka, le cuivre continue à fasciner les hommes et les marchés. Dominé par Venise, puis Amsterdam et enfin Londres, « l'espace monde » du cuivre le sera peut-être demain par Shanghai où fonctionne déjà un marché à terme actif qui s'appuie sur une Chine devenue en 2003 le premier consommateur mondial de métal rouge et qui commence même à s'illustrer dans la riche histoire des manipulations de marché.

Secrétan, Hamanaka... il faut maintenant ajouter le nom de Liu Qibing, un obscur fonctionnaire chinois devenu négociant pour le compte d'une agence publique, qui a fait trembler fin 2005 le marché mondial du cuivre. Sur le fond, l'affaire paraît assez simple. Depuis plusieurs années le marché du cuivre est déficitaire et les stocks mondiaux ont fortement diminué, en particulier sur les marchés à terme de Londres, New York et Shanghai. Ceci s'explique, du côté de la demande, par la forte croissance économique mondiale et surtout par les besoins d'équipement des pays émergents et, en premier lieu, de la Chine qui pèse 20 % de la consommation mondiale (de l'ordre de 17 à 18 millions de tonnes). Ces dernières années, malgré d'importants investissements en Amérique latine, l'offre n'a pu suivre et on estime même qu'en 2005, du fait d'accidents et de grèves au Chili, en Thaïlande, en Inde et aux États-Unis, quelque 900 000 tonnes de production ont été perdues. Il en est résulté de fortes tensions sur les prix qui sont passés de 2 500 dollars la tonne en mai 2004 à 3 500 dollars à l'été 2005.

Il y avait là de quoi inquiéter les autorités chinoises chargées de réguler le marché domestique. La Chine est en effet un curieux mélange d'agences publiques, d'opérateurs plus ou moins privés et même de marchés à terme interdits aux étrangers. Côté public, une agence, le Bureau des Réserves (SRB) gère une sorte de stock stratégique et approvisionne en partie le marché intérieur chinois. Ses employés semblent avoir fonctionné ces dernières années comme des « traders », c'est-à-dire des opérateurs prenant des risques, sans véritable contrôle de leur institution. Certains étaient notamment devenus des spécialistes d'arbitrages complexes entre Londres et Shangai. Courant 2005, l'un d'entre eux, Liu Qibing, estima que la hausse des prix ne durerait pas du fait du tassement de la demande mondiale (+ 2 % seulement en 2005 contre + 7 % en 2004). Agit-il alors seul ou sur commande ? Toujours est-il qu'en août, il se porta vendeur de 100 000 à 250 000 tonnes de cuivre sur l'échéance de décembre. Cette position « short » se fondait sur l'hypothèse d'une baisse des prix. C'est bien sûr le contraire qui se passa et, à la mi-novembre, on était à 4 200 dollars la tonne. La perte potentielle était de 70 à 150 millions de dollars. Rien de bien dramatique par rapport aux 700 millions de dollars perdus en 1997 par un affineur chinois de zinc, aux 550 millions de dollars disparus début 2005 dans les comptes de la filiale de Singapour de la China Aviation Oil (achats de kérosène).

Là où l'histoire se corse c'est que soudain Liu Qibing disparaît, que le SRB dit ne pas le connaître avant d'avouer, quelques jours plus tard, qu'il est en examen ou au secret. Rien ne filtre de la position exacte du SRB ou d'autres sociétés publiques comme Minmetals. Pour rassurer le marché, le SRB déclare alors posséder un stock de 1,3 million de tonnes, ce que la plupart des analystes ne prennent guère au sérieux, leur propre estimation portant plutôt sur 200 000 tonnes. Les bruits les plus fumeux circulent : les Chinois livreraient le cuivre, ou, au contraire, seraient acheteurs. Les prix continuent cependant à monter dans l'attente du 21 décembre et du dénouement de la position supposée de Liu Qibing, SRB et quelques autres. Début décembre, le marché de Londres passait la barre des 4 400 dollars la tonne, sous l'impulsion d'achats de fonds spéculatifs, persuadés d'un squeeze chinois. Début 2006, on était à 5 000 dollars, en mai on tutoyait la barre des 8 000 dollars !

De cette histoire somme toute assez banale, on peut tirer quelques leçons : tout d'abord il est clair que c'est maintenant en Chine que se fait l'histoire des marchés, que le poids des besoins chinois en fait un acteur incontournable. Mais la Chine est presque au degré zéro de la régulation et du contrôle des risques et l'ambiguïté public-privé complique encore les choses. Au moment où les compagnies chinoises cherchent sur la planète entière à acquérir puits de pétrole et mines (dans le cuivre, partenariat avec Codelco au Chili), une telle absence de gouvernance et de transparence est intolérable.

Liu Qibing restera dans l'histoire comme un petit joueur comparé à Nick Leeson, le tombeur de la Barings ou à Bunker Hunt, le grand manipulateur du marché de l'argent. Mais cette affaire lève un coin du voile sur les turpitudes de l'Empire du Milieu, sur les périls même que le comportement irresponsable des autorités chinoises fait courir aux marchés mondiaux de commodités. Il est grand temps que le cuivre, et quelques autres produits essentiels, quittent les tapis verts des casinos de Macao.

LE « GRAND JEU » DU MINERAI DE FER

Il se déroule chaque année l'un des épisodes les plus curieux du monde des marchés internationaux de matières premières : la fixation des prix du minerai de fer. Il s'agit d'un étrange ballet entre producteurs et consommateurs que l'on croirait presque échappé d'un manuel de macroéconomie de première année et plus précisément du paragraphe consacré à la situation et au fonctionnement d'un oligopole bilatéral. C'est aussi un assez remarquable exemple d'un marché stable, ou au moins sans volatilité aucune, l'un des seuls pour lesquels il n'ait pas besoin de marchés dérivés.

Le minerai de fer est une des matières premières de la sidérurgie : les autres sont le charbon à coke, les ferrailles et l'électricité. À l'origine, la sidérurgie s'est implantée à proximité des bassins miniers de fer et des forêts permettant de produire du charbon de bois : ce fut le bassin lorrain puis la Ruhr en Europe, le nord-est - du Minnesota à la Pennsylvanie - aux États-Unis. L'intégration était la règle, et vers 1950 encore, 80 % des mines étaient captives des sidérurgistes. Cependant, l'épuisement des mines européennes d'une part, la montée en puissance de la sidérurgie japonaise coupée des mines chinoises d'autre part, provoquèrent peu à peu l'internationalisation du marché avec l'arrivée de nouveaux producteurs, l'Australie et le Brésil. Les échanges de minerai de fer par voie maritime se développèrent jusqu'à dépasser les 500 millions de tonnes en 2002.

Les minerais de fer sont des produits pondéreux, transportés en vrac dans d'énormes navires (les « capesize » d'une capacité supérieure à 160 000 tonnes), dont la composition est très variable d'une mine à une autre. En général les sidérurgistes privilégient des approvisionnements réguliers dans le cadre de contrats pluriannuels : il n'existe pratiquement pas de marché « spot » (si ce n'est les flux entre l'Inde et la Chine). Jusque dans les années 1970, ces contrats fixaient aussi les prix sur la longue période : mais, du fait de la forte inflation de cette époque, les pratiques s'alignèrent sur un rythme annuel qui est aujourd'hui la règle. Ainsi au début de 2006, nous étions au cœur de la « *mating season* » qui va fixer le prix du minerai de fer pour l'année 2006 (et pour l'année fiscale japonaise qui commence le 1er avril).

Du côté des producteurs, deux origines majeures : le Brésil (170 millions de tonnes exportées en 2002) et l'Australie (166), l'Inde, le Canada et l'Afrique du Sud exportant chacun entre 20 et 30 millions de tonnes. Mais surtout trois sociétés dominent les débats : le brésilien CVRD (Companhia Vale do Rio Doce) et les deux « australiens » BHP-Billiton et Rio Tinto. Du côté des consommateurs, les Japonais qui, jusqu'il y a peu, parlaient d'une seule voix, et les Européens avec Arcelor, Thyssen-Krupp, Corus notamment. Ni les Américains, qui sont autosuffisants, ni les Chinois devenus pourtant les premiers importateurs mondiaux ne participent aux négociations qui débutent chaque année en novembre : les deux camps s'observent, se rencontrent, soupèsent leurs arguments. Curieuse partie de poker menteur portant sur des centaines de millions de dollars : on parle développement minier, contraintes logistiques, situation du marché de l'acier. Les rencontres se multiplient. Et puis, soudain, un producteur et un sidérurgiste signent un accord. Dès le lendemain, les contrats de la sidérurgie mondiale s'alignent sur la variation de prix qui vient d'être négociée. La « *mating season* » est terminée.

Il y a bien là un cas d'école de la théorie des jeux appliquée à une situation d'oligopole bilatéral moins coopératif qu'on ne le croit. Jusqu'en 1999, c'étaient en général les Japonais qui fixaient leurs prix les premiers avec un producteur australien. En 2000, Usinor fixa une hausse de 5,4 % avec la SNIM mauritanienne. En 2001, ce fut l'italien Riva pour 4,3 % avec la CVRD. En 2002 et 2003, les négociations traînèrent en longueur et ne se dénouèrent qu'en mai et juin. En 2004, par contre, dans un contexte sidérurgique très particulier, Arcelor prit tous les acteurs de court en consentant, dès janvier, une hausse de 18,5 % à CVRD. En 2005, alors que les prix de l'acier avaient doublé, la hausse acceptée par les sidérurgistes fut de... 71,5 %. En 2006, les négociations traînèrent mais la hausse fut encore de 18 %. Pour la première fois les Chinois se manifestèrent mais furent incapables de peser sur les débats. Pour 2007 pourtant, ce sont ces mêmes Chinois, groupés autour de Baosteel qui ont lâché 9,5 % d'augmentation à CVRD.

Mais en cette saison, le tout petit monde du fer et de l'acier n'est que rumeurs et murmures. Chacun s'observe, a le doigt sur la gâchette, attend le premier coup de feu... et la partie sera terminée !

Voilà en tout cas un modèle à méditer, le seul qui, en fait, réponde à la question de la stabilisation des prix des matières premières. Mais il sera bien difficile à généraliser !

Busang ou la passion de l'or

L'or, la « relique barbare » dont se moquait Keynes mais pour laquelle Français et Chinois partagent une immodérée passion de thésauriseurs, l'or continue à susciter les rêves, à provoquer des ruées vers les forêts vierges tropicales ou vers les valeurs de quelques Bourses canadiennes. Plus prosaïquement, l'or continue à tuer depuis le triumvir Crassus dont les Parthes vainqueurs remplirent la gorge d'or fondu à ce géologue philippin, Michael de Guzman, dont la « malencontreuse chute » depuis un hélicoptère a déclenché le plus beau scandale de l'histoire minière et provoqué la perte de quelque 4 milliards de dollars.

C'est une histoire curieuse qui commence au pays des chercheurs d'or et des trappeurs, en ce Canada où règnent encore l'esprit des aventuriers et le mythe de la frontière. La recherche minière y est une activité importante puisque le pays est devenu, ces dernières années, un important producteur d'or, certains de ses gisements métalliques (comme celui de Voisey Bay pour le nickel) ayant les coûts les plus faibles au monde. D'habitude, la phase d'exploration est le fait de « chercheurs d'or » de petites sociétés de capital-risque finançant des géologues, quelques sondages et autres carottages. Une fois un gisement découvert et attesté, son développement est en général pris en main par un véritable opérateur minier, le découvreur touchant royalties et dividende : un véritable « jackpot » dans certains cas. C'est en général sur les Bourses de Toronto, de Vancouver ou de l'Alberta que ces sociétés lèvent les capitaux nécessaires.

En 1993, David Walsh, un entrepreneur qui avait déjà à son actif une faillite dans la recherche pétrolière, fonda Bre-X et réunit 200 000 dollars canadiens auprès de quelques investisseurs pour tenter sa fortune sur un projet en Indonésie, à Bornéo. À l'origine de cette intuition se trouvait un géologue canadien, d'origine néerlandaise, John Felderhof, qui avait beaucoup travaillé dans la région, avait participé à la découverte d'un gisement important d'or et de cuivre en Papouasie (OK Tedi qui fit l'objet de nombreux conflits avec les indigènes) et qui pensait tenir un nouveau gisement de pareille ampleur à Busang. À la fin de 1995, Bre-X annonça qu'il y avait effectivement de l'or à Busang, probablement de l'ordre de 30 millions d'once (31 grammes valant en mai 1997, 340 dollars). Le gouvernement indonésien confirma la nouvelle. En avril 1996, l'action Bre-X était introduite sur la Bourse de Toronto et suscitait rapidement la frénésie : de quelques cents canadiens, elle cotait rapidement 25 dollars, ce qui représentait une capitalisation de plus de 6 milliards de dollars américains. C'est que les réserves estimées ne cessaient d'être réévaluées, les derniers chiffres cités en février 1997 faisaient état de 200 millions d'onces, ce qui en aurait fait la découverte la plus fabuleuse du siècle. De partout, les intérêts s'éveillaient. En Indonésie, une telle manne ne pouvait échapper à la famille présidentielle : un fils et une fille du président Suharto s'affrontèrent ouvertement, mettant en évidence des pratiques plus proches du Zaïre que de la « moderne » Indonésie ! (Cela se passait avant la « crise asiatique » qui a ouvert les yeux des moins sceptiques.) Finalement c'est un « ami » du président qui trancha le conflit et répartit les 40 % d'intérêts dans la future mine. Les grandes sociétés minières occidentales se bousculèrent aussi : à l'automne 1996, le canadien Placer-Dome proposa une fusion valorisant Bre-X à plus de 5 milliards de dollars. Finalement l'affaire fut remportée par le mineur américain Freeport Mac Roran qui devait être l'opérateur minier de Busang avec 15 % du capital.

Tout allait pour le mieux dans le meilleur des mondes, et les fondateurs de Bre-X pouvaient songer à monnayer en Bourse une partie de leurs actions et de leurs stocks-options. Les choses commencèrent à se gâter lorsque les géologues envoyés à Busang par Freeport se révélèrent incapables de confirmer la présence d'or. Petit problème technique que devait résoudre le géologue philippin responsable des opérations sur le terrain, Michael de Guzman. Mais celui-ci « tomba » de l'hélicoptère qui l'amenait à Busang le 19 mars. Son corps défiguré ne fut retrouvé que plusieurs jours plus tard. Dépression d'un polygame, suicide, meurtre, toutes les hypothèses circulèrent. Les marchés boursiers ne furent pas longs à comprendre, et le cours de Bre-X s'effondra de 90 % de sa valeur. Quelques semaines plus tard, une expertise indépendante confirmait l'absence totale d'or à Busang et la cotation de Bre-X était suspendue.

Il s'avère en fait que les échantillons prélevés avaient été « salés » avec de la poudre d'or. Il reste aujourd'hui à savoir d'où vient la fraude : est-ce un coup de folie d'un géologue se refusant à admettre l'échec de sa recherche et piégé dans une sorte de fuite en avant par sa propre réussite, ou bien s'agit-il d'une manipulation boursière orchestrée par quelques escrocs canadiens ?

Changez d'époque et vous avez là tous les ingrédients d'un roman de Jack London ou d'un western sur la ruée vers l'or. L'extraordinaire est que cela se passe en 1997, à une époque où les moyens techniques devraient rendre transparentes les plus obscures jungles de Bornéo. C'est que les marchés, aussi sophistiqués qu'ils puissent être, demeurent d'une crédulité d'enfant dès lors que brille l'or ou qu'un retour sur investissement hors norme est attendu.

Nick Leeson avait coûté 1,4 milliard de dollars à la Barings qui croyait en sa touche magique sur les marchés financiers. Yasuo Hamanaka, lui, a coûté 2,8 milliards de dollars au moins à Sumitomo qui le croyait capable de changer le cuivre en or. Les géologues de Bre-X ont fait monter les enchères à 5 milliards de dollars. Qui dit mieux au grand casino des marchés financiers qui, s'ils nous font sourire, inquiètent aussi par leur légèreté et leur absence de contrôle.

PLATINE : LE RETOUR DU « MÉTAL BLANC »

Keynes avait raison... Il est grand temps de remiser la « relique barbare » au magasin des antiquités et d'utiliser, par exemple, les stocks d'or du FMI au financement du développement en Afrique ou ailleurs. Il y aura pourtant toujours des métaux précieux, et l'un d'entre eux a le privilège d'être l'une des substances les plus onéreuses de la planète : une once (31 grammes) de platine n'a-t-elle pas atteint 1000 dollars sur les marchés à terme de la planète, à New York ou Tokyo (c'est toutefois moins cher qu'une once de rhodium, un autre petit métal de la famille des platinoïdes).

Pourtant, quand on découvrit le platine, on ne lui accorda guère de valeur. Ce sont les Espagnols qui l'identifièrent parmi les métaux utilisés par les Indiens de Colombie ; pour ne pas le confondre avec l'argent des mines du Potosi, à leurs yeux beaucoup plus précieux, ils l'appelèrent « platina » (dérivé de plata, l'argent en espagnol). Les physiciens s'intéressèrent cependant à ce produit au point de fusion beaucoup plus élevé que celui de l'or (1700° contre 1063°) et surtout doté d'un remarquable pouvoir catalytique. La première production minière de platine débuta en Russie dans les montagnes de l'Oural en 1822. Une partie du platine produit alors servit, entre 1828 et 1846, à la frappe de monnaies dans une première tentative de concurrencer l'or et l'argent. Mais la production minière s'avéra vite insuffisante.

Ce n'est qu'au début des années 1920 que le platine se développa vraiment. Jusque-là, c'était surtout un sous-produit de la mine de nickel ou de cuivre, en provenance des États-Unis et de Russie. En 1925 commença l'exploitation des gisements sud-africains qui représentent encore aujourd'hui les trois quarts de la production mondiale : ce fut le développement de Rustenburg Platinum (aujourd'hui Anglo-Platinum, une filiale du groupe Anglo-American, qui pèse 40 % de l'offre mondiale).

La mode « arts déco » battait son plein, et bijoutiers et créateurs préféraient les « métaux blancs » au doré trop clinquant de l'or. Le platine en profita et la joaillerie représenta bientôt les deux tiers de la demande mondiale. Les modes passent et il fallut attendre la fin du XXe siècle pour que le platine, et autre « or blanc », retrouve quelque attrait pour les jolies femmes ; en Occident au moins, car en Asie le platine a depuis longtemps supplanté l'or comme métal de base de la bijouterie : en 1985, le Japon à lui seul représentait 82 % de la demande en platine de la bijouterie mondiale. Depuis l'an 2000, la Chine a – là encore – supplanté le Japon et a consommé, en 2004, un million d'onces sur une production mondiale de 6,9 millions : le dernier chic est d'offrir à sa fiancée de Shanghai une bague en platine et diamants.

Mais ceci ne serait pas suffisant pour expliquer les tensions qu'a connues le marché du platine ces trente dernières années. En 1974, l'industrie automobile américaine commença à produire des véhicules dotés de pots catalytiques (permettant d'épurer les gaz de combustion dans les pots d'échappement). Trente ans plus tard, 93 % des voitures produites dans le monde en sont équipées et cela représente 45 % des utilisations du platine (soit 3,8 millions d'onces). Le développement de ce nouveau débouché explique les turbulences et les volatilités des dernières décennies.

Dans les années 1970, le platine valait en effet moins de 200 dollars l'once. Son prix était d'ailleurs fixé par les producteurs sud-africains. L'autre grand producteur, l'URSS, jouait un rôle d'appoint sur le marché à partir de stocks mal connus par le marché. La demande automobile provoqua la flambée des cours qui culminèrent à plus de 600 dollars l'once en 1987 avec le développement des pots catalytiques en Europe. Les fabricants d'automobiles prirent rapidement conscience de leur dépendance vis-à-vis d'un métal d'une particulière volatilité de prix : on dit que l'un des grands industriels américains qui avait constitué des stocks de platine y aurait perdu plus d'un milliard de dollars au moment de la chute des prix, qui atteignirent 350 dollars dans les années 1990. Le platine souffrit alors en effet de la concurrence du palladium et surtout de la vente plus ou moins sauvage de stocks en provenance de l'ex-URSS.

Les prix du platine se sont depuis nettement raffermis, entre 800 et 1 100 dollars l'once. Du côté de l'offre, les producteurs sud-africains souffrent de la fermeté du rand par rapport au dollar. En Russie, le platine n'est qu'un sous-produit du nickel pour le conglomérat de Norilsk, qui est aussi le premier producteur mondial de palladium : le contrôle des exportations a fait en 2001 l'objet de vives tensions avec le pouvoir central, un épisode peu connu du bras de fer entre Vladimir Poutine et « ses » oligargues. Depuis, Norilsk a fait l'acquisition du producteur américain Stillwater Mining. Quant à la demande, elle reste soutenue d'un côté par la joaillerie chinoise, de l'autre par l'industrie automobile, notamment en Europe pour l'équipement de véhicules diesel.

La ménagère chinoise et l'automobiliste européen sont donc les meilleurs soutiens d'un marché du platine plein d'incertitudes, qu'il s'agisse de l'avenir minier de l'Afrique du Sud, et du Zimbabwe, avec la mise en place du « black empowerment » dans le code minier, ou des convulsions russes, de la péninsule de Kola à celle du Kamtchatka en passant par les caves du Gokhran (le trésor russe où sont détenus des stocks secrets de platinoïdes).

Le platine n'est qu'un petit pion sur l'échiquier géostratégique mondial. Mais il est un condensé de risques au-delà même des modes et des jolies femmes chinoises... ou blondes « platine ».

Argent : la « martingale » de Crésus

Fin avril 2006, sur le marché de New York, l'once d'argent cotait 12,50 dollars, un niveau record, le plus élevé depuis le début des années 1980, deux ou trois fois plus que les 3 à 5 dollars l'once auxquels le marché s'était habitué à la fin du XXe siècle. Voilà un joli retour en grâce pour un métal qui durant 2 500 ans fut au cœur des systèmes monétaires internationaux, qui au XXe siècle a vécu un lent processus de démonétisation, est tombé de son piédestal de métal précieux et en plus a perdu ces dernières années ce qui était devenu son principal débouché, le marché de la photographie.

On l'a en effet oublié, mais le rôle monétaire de l'argent a été beaucoup plus important que celui de l'or, tout simplement parce que, de ces deux métaux que les anciens avaient reconnus comme « précieux » et qui par la suite firent rêver les alchimistes, l'argent était quand même le plus abondant, ce qui était essentiel pour la circulation monétaire. Ce serait Crésus, roi de Lydie au VIe siècle avant J.-C., qui le premier aurait frappé à la fois des monnaies d'or et d'argent et aurait donné, entre ces deux métaux, un rapport de valeur de 1 à

13,3, rapport qui, avec des fluctuations certes, restera d'actualité jusque vers la fin du XIXe siècle (on est à 1 à 15 en... 1860.) Dans le bassin méditerranéen, la monnaie de référence sera la drachme d'Athènes qui pesait 4,34 grammes d'argent. Quelques siècles plus tard, Charlemagne, en 781, instaura le monométallisme argent et la première monnaie « moderne » à être frappée le fut en argent à Venise en 1202.

Vers 1500, Fernand Braudel estimait le stock de métaux précieux en Europe à 3 500 tonnes d'or et 37 500 tonnes d'argent en provenance notamment des mines de Saxe et du Tyrol. Mais tout change avec la découverte du Nouveau Monde : un peu d'or, certes, mais surtout une véritable « montagne » d'argent, celle de Potosi au Pérou, découverte en 1545. La ville était au début du XVIIe siècle, avec 160 000 habitants, la plus riche et la plus peuplée des Indes espagnoles. D'après Braudel, de 1500 à 1650, ce sont 16 886 tonnes d'argent qui entrèrent dans les coffres de la Casa de India de Séville qui financèrent le commerce international et en particulier l'appétit des Chinois. Lorsqu'en 1792, les États-Unis eurent à définir leur nouvelle monnaie, le dollar, ils le firent sur la base de 24 grammes d'argent.

Mais si le temps de l'Espagne fut celui de l'argent, le temps du Royaume-Uni fut celui de l'or, du « Gold Standard » nourri par les grandes « ruées » du XIXe siècle vers la Californie, l'Alaska, l'Afrique du Sud. Le Royaume-Uni passa au seul étalon or (défini par Isaac Newton) en 1821 et toutes les décennies suivantes furent consacrées à des débats monétaires sur le bimétallisme, le tout sur fond de découvertes nouvelles à la fois minières (dans le Nevada en 1859) et technologiques (le procédé de cyanurisation, en 1861, permettant d'isoler plus facilement l'argent des autres métaux). Aux États-Unis, les campagnes « populistes » de la fin du XIXe siècle mirent en avant le retour à « l'étalon-argent » pour contrer l'hégémonie britannique.

Mais les uns après les autres, les grands pays de la planète abandonnent le bimétallisme, la Russie la dernière en 1897. L'argent n'est alors plus un étalon monétaire, même si on l'utilise dans la frappe des monnaies, dans l'argenterie et la joaillerie. Dans les années 1920, il se produit 5 000 à 6 000 tonnes d'argent chaque année pour l'essentiel en Amérique du Nord (Mexique et États-Unis). La production d'argent est certes le fait de mines d'argent (Pérou, Mexique, États-Unis), mais aussi, de plus en plus dans le courant du XXe siècle, de mines de plomb et de zinc ou de cuivre dont l'argent est un sous-produit (Australie, Chili, Chine).

Après-guerre, la production passe de 6 500 tonnes en 1953 à 15 000 tonnes dans les années 1990 : la photographie – avec ses besoins en bromure d'argent – représente alors la moitié de la demande mondiale. Les cours, stables sur toute l'après-guerre, frémissent dans les années 1970 avec la libéralisation du marché de l'or. Car l'argent continue de fasciner : fin 1979, une famille de milliardaires texans du pétrole, les Hunt (tout droits sortis de *Dallas*) joue la hausse du prix de l'argent en achetant tout le disponible : les prix flambent et culminent en janvier 1980 à 38,20 dollars l'once. Mais ils ont sous-estimé le poids des stocks et de l'argenterie des grands-mères que l'on porte à fondre. Le prix s'effondre, et dès avril 1980 est à 13 dollars. Les frères Hunt auraient perdu plus d'un milliard de dollars dans l'affaire. En 1998, un autre financier, le célèbre Warren Buffett tente à son tour de relancer le marché et achète 4000 tonnes de métal, là aussi sans grand succès.

Et voilà donc qu'en 2006 l'argent se met à flamber. Il y a certes de la spéculation, avec l'introduction de nouveaux instruments financiers assis sur l'argent. Mais il y a aussi une demande industrielle – qui compense très largement le déclin de la photographie argentique chassée par le numérique – et également l'attrait de la Chine et de l'Inde pour un métal indissociablement lié aux mariages indiens et aux dots des épouses.

Ceci étant, avec de l'or à 600 dollars l'once, le rapport entre nos deux métaux précieux n'est que de 1 à 48. Il faudrait que l'argent grimpe jusqu'à 45 dollars l'once pour que l'on retrouve la « martingale » de Crésus et l'argent n'est plus assez précieux pour tolérer pareilles fantaisies !

Passions minières

Nickel, cuivre, zinc et même aluminium ont battu en 2006 et 2007 de nouveaux records : certains jours, une véritable frénésie a régné sur le « ring » du London Metal Exchange, la Bourse mondiale des métaux non ferreux. Mais c'est aussi de frénésie que l'on peut parler à propos des manœuvres, fusions et offres publiques d'achat (OPA) en tout genre qui ont affecté le secteur minier, qui a connu en quelques semaines des bouleversements sans équivalent dans le passé. Une page en particulier s'est tournée avec l'entrée en jeu de nouveaux acteurs brésiliens, russes et demain chinois.

Au lendemain de la Seconde Guerre mondiale, le secteur minier avait connu une première mondialisation épousant plus ou moins la logique des empires coloniaux : les Européens dominaient l'Afrique - les Belges au Katanga, les Anglais en Rhodésie et en Zambie (l'Afrique du Sud étant un cas particulier). En Asie se côtoyaient Britanniques et Néerlandais, tandis que l'Amérique du Sud était la chasse gardée des entreprises américaines, en particulier au Chili. Sept entreprises pour le cuivre, cinq pour l'aluminium, trois pour le nickel, contrôlaient ainsi l'essentiel des ressources du monde occidental.

Ce premier âge d'or des oligopoles miniers s'est terminé avec la vague des indépendances des années 1960, puis des nationalisations des années 1970 : l'exploitation du cuivre fut confiée à des sociétés nationales de manière quasi simultanée au Chili, au Pérou, au Zaïre et en Zambie. De nouvelles entreprises ont fait leur apparition comme la Codelco au Chili ou la Gecamines au Zaïre. Les grands projets miniers lancés au lendemain de la flambée des années 1970 l'ont été dans le cadre public, comme le célèbre gisement de minerai de fer de Carajás au Brésil par la CVRD. Les groupes miniers ont même fait, à l'époque, l'objet de rachats massifs par les entreprises pétrolières comme BP, Shell ou Elf Aquitaine.

Mais cet intérêt n'a guère duré : la chute des prix de la fin du XXe siècle a provoqué un retrait massif des pétroliers. Par ailleurs, les privatisations minières réalisées sous la contrainte de l'endettement massif des pays producteurs n'ont pas non plus suscité beaucoup d'enthousiasme, en particulier en Afrique. La mine n'intéressait guère en ces temps de « nouvelle économie » triomphante. À cette époque, l'investissement minier, relativement limité, s'est donc concentré dans quelques pays sûrs, Canada et surtout Australie. Là se sont reconstitués, à partir notamment du charbon et du fer, quelques groupes - BHP-Billiton, Rio Tinto - qui dominent aujourd'hui la scène mondiale.

La flambée des prix des métaux, à partir de 2003, a changé la donne et a procuré un nouveau lustre à l'industrie minière. Les prix ont tiré les bénéfices et donné des moyens à des entreprises jusque-là dédaignées par les milieux boursiers. Après une phase de consolidation, les choses se sont accélérées à partir de 2005, avec l'arrivée de nouveaux acteurs : des filiales d'entreprises de négoce (le suisse Xstrata lié au premier négociant mondial en énergie et métaux, Glencore), des entreprises de pays émergents (le chilien Codelco, seule entreprise majeure qui soit restée publique, le brésilien CVRD, le mexicain Grupo Mexico), des russes (Norilsk, Rusal) et même des chinois (Min Metals). Résultat à l'été 2006, Xstrata a absorbé le numéro deux mondial du nickel, le canadien Falconbridge ; le numéro un, son compatriote Inco, a non seulement échoué dans sa fusion avec Falconbridge et avec l'américain Phelps Dodge, mais a été racheté par CVRD. Le même CVRD, associé, dit-on, avec Xstrata et Rio Tinto, songerait à s'attaquer au sud-africain (basé maintenant à Londres) Anglo-American pour mieux le dépecer. Glencore est allé se rapprocher des deux russes Rusal et Sual pour former le numéro un mondial de l'aluminium. L'américain de l'aluminium Alcoa a lancé une OPA sur Alcan qui lui-même avait avalé Péchiney il y a quelques années. Finalement, c'est Rio Tinto qui a emporté le morceau. Et pour l'instant, les Chinois attendent...

Ainsi se sont reconstituées les grandes multinationales minières d'antan : Rio Tinto (dont le nom rappelle les eaux rouges des rivières cuprifères espagnoles) et BHP-Billiton, solidement ancrées en Australie, Alcoa et Alcan, les jumeaux de l'aluminium qui, de prédateurs, sont les prochaines proies du grand jeu mondial, Xstrata, l'énigmatique émanation d'un négociant chargé de mystère, les groupes russes, contrôlés par des proches de Vladimir Poutine, qui a remis les ressources naturelles sous le contrôle du Kremlin, et enfin les Latino-Américains, les Chinois et les Indiens, seuls pour l'instant à prendre le risque d'opérer en Afrique.

Le moindre projet minier dépasse aujourd'hui le milliard de dollars. Il est souvent porteur de déséquilibres économiques et sociaux et donc de risques, tant pour les investisseurs que pour les pays concernés. L'historien de l'économie, Paul Bairoch, rappelait que la mine n'avait jamais été un facteur de développement. Le monde a certainement besoin de métaux, mais pas à n'importe quel prix !

CHAPITRE 3

L'ÂGE DE L'ÉNERGIE

TOUT COMMENCE AU BORD D'UN RUISSEAU ou au sommet d'une colline : l'eau et le vent furent les premières sources d'énergie que surent utiliser les hommes. La grande rupture fut celle de la machine à vapeur qu'il fallait nourrir de **charbon**. Le charbon fut sans conteste la grande énergie du XIXe siècle, et les mineurs de charbon furent au cœur de toutes les grandes luttes ouvrières du XXe siècle. La fermeture des mines en Europe semblait en avoir sonné le glas. Néanmoins, il s'agit encore de l'énergie fossile la plus abondante et malgré son coût pour l'environnement, le temps du charbon survivra probablement à celui du **pétrole**. L'or noir a occupé pourtant sur ces soixante-dix dernières années la place qui avait été celle du charbon (« on aura toujours besoin de pétrole » écrivait même Proust dans *Le côté de Guermantes* en parlant de la princesse de Parme « qui possède trois fois autant de Royal Dutch qu'Edmond de

Rothschild»). Il a surtout fait rêver les producteurs des autres matières premières par la puissance qui fut, pendant une décennie, celle de l'OPEP. Même au cœur du troisième choc pétrolier, on aurait tort de négliger le **gaz naturel** dont le marché offre tout autant de tensions géopolitiques, cette fois avec la Russie et bien des tentations spéculatrices comme l'a illustré encore à l'automne 2006 «Amaranth», un «*hedge fund*» particulièrement engagé sur le marché américain du gaz naturel.

Mais les tensions sur le pétrole comme sur le gaz naturel, les inquiétudes aussi liées aux perspectives du réchauffement de la planète ont poussé au développement d'énergies renouvelables issues de l'agriculture: la page en est à peine ouverte mais déjà, l'**éthanol** est coté sur des marchés à terme et fait l'objet de négociations entre les États-Unis et le Brésil.

Avec l'agriculture, c'est dans le domaine de l'énergie que l'homme prend le plus conscience des limites des ressources naturelles dont il dispose et de la nécessité de les utiliser avec parcimonie. Mais le monde est bien différent - du point de vue technologique notamment - avec du pétrole à 70 dollars qu'avec du pétrole à 25 dollars le baril. La répartition de la consommation énergétique de la planète à la fin du XXIe siècle n'en finira pas de nous surprendre.

CHARBON : LA PAGE EST TOURNÉE

«La houille est la première matière des échanges modernes» écrivait en 1922 le géographe Fernand Maurette. On était alors encore au cœur de cette révolution industrielle dont depuis un siècle le charbon était le moteur essentiel. On pourrait imaginer qu'en 2007 la page du charbon soit définitivement tournée. Or tel n'est pas le cas : jamais le monde n'en a autant produit, jamais il n'a autant échangé sur des minéraliers géants ce charbon dont l'abondance est un garant d'un avenir pour l'instant bien polluant.

Le charbon est connu depuis l'antiquité et les traces les plus anciennes de son exploitation remontent au Xe siècle en Angleterre, en Autriche et en Belgique. On parle alors de « charbon de terre » par opposition au charbon de bois fabriqué par les « charbonniers » dans les forêts. À partir du XIVe siècle on commence à utiliser le charbon comme combustible et au XVIe siècle se crée à Londres un « Coal Exchange » géré par les marchands de charbon de Newcastle sur la Tyne. Mais le vrai décollage du charbon date de la fin du XVIIIe siècle, de la machine à vapeur, du coke pour les hauts fourneaux, de la production aussi de « gaz de ville » pour l'éclairage (Londres en 1807).

En 1800, le monde produit 10 à 15 millions de tonnes de charbon pour l'essentiel au Royaume-Uni, surtout dans le Northumberland et le Pays de Galles. On dit souvent que la disposition de matières premières est un handicap pour les pays producteurs : ce qui a été vrai dans de nombreux cas au XXe siècle (la malédiction du pétrole par exemple) ne l'est pas pour la Grande-Bretagne au XIXe siècle tant le charbon est au cœur de la croissance de ce qui est le premier pays émergent de l'ère contemporaine : en 1900, André Siegfried décrivait la Grande-Bretagne comme un « bloc de charbon » ! En 1865 la production britannique est de 100 millions de tonnes alors que celle de l'Allemagne n'est que de 20 millions de tonnes !

À la veille de la Première Guerre mondiale, la production de charbon est de l'ordre du milliard de tonnes : le Royaume-Uni en pèse encore plus du quart mais est largement dépassé par les États-Unis (550 millions de tonnes). Le reste de la production se situe sur le continent européen (Allemagne, France Belgique...) et en Russie avec le développement du gisement du Donbass. Le Royaume-Uni est alors de loin le premier exportateur mondial y compris vers l'Asie : il est essentiel en effet de disposer partout de charbons de soute nécessaires aux échanges maritimes. En Chine, ce sont les Allemands qui ont commencé à reconnaître les gisements du Shandung mais l'Empire du Milieu ne produit encore que 16 millions de tonnes en 1913. Plus tard, ce sont les Japonais qui exploiteront les charbons de Mandchourie.

Après la Première Guerre mondiale, les États-Unis prennent la place du Royaume-Uni comme premier exportateur mondial : la rade de Hampton Roads en Virginie devient en quelque sorte le poumon du marché mondial du charbon.

Dans les années 1950, le charbon connut un peu partout une sorte d'apogée : il fut dans tous les pays européens à la base de l'expansion industrielle de l'après-guerre et une activité tellement importante qu'elle figura au premier rang des nationalisations de 1946 en France et au Royaume-Uni (le National Coal Board). Avec le CECA en 1952, le charbon est au cœur de la construction européenne. En 1960 encore en France le charbon emploie 230 000 mineurs et représente 4 % de l'industrie nationale. Mais c'est à l'Est que le charbon trouva sa place dans l'idéal de l'industrialisation soviétique : Stakhanov est un mineur de charbon et avec des milliers de « héros » comme lui, l'URSS produisait 450 millions de tonnes en 1967. Elle était cependant déjà dépassée par la Chine qui, à la veille de la Révolution culturelle en était à 650 millions de tonnes.

La fin des Trente Glorieuses marque le début du déclin de charbon : en 1967 la consommation mondiale de pétrole dépasse celle de charbon. En Occident, les vieilles mines de fond disparaissent les unes après les autres. Au Royaume-Uni, Margaret Thatcher fait un « exemple » et brise la grande grève des mineurs menée par le célèbre Arthur Scargill. Après deux siècles d'exploitation, la civilisation du charbon, celle de *Germinal* aussi, disparaît de l'Europe occidentale laissant des villes mortes et des corons abandonnés. En Russie, en Ukraine, la fin du communisme sonne le glas de l'épopée charbonnière.

Mais au niveau mondial, la production de charbon continue à augmenter et passe le cap des 5 milliards de tonnes en 2003 : il y a les grandes mines à ciel ouvert des États-Unis, d'Australie, d'Afrique du sud, d'Indonésie ou de Colombie. Mais sur 5,8 milliards de tonnes produites en 2005, 2,5 milliards proviennent de Chine, une Chine dont les milliers de mines battent années après années des records de production et... de mortalité de mineurs. En Chine, le charbon joue le même rôle que dans le Royaume-Uni du XIXe siècle : il nourrit l'insatiable appétit des hauts fourneaux qui produisent un tiers de l'acier mondial ; il est à la base de la production d'électricité et les Chinois fondent de grandes espérances sur des procédés de liquéfaction, pour l'instant encore bien polluants. En 2007, la Chine est même devenue importatrice de charbon pour répondre aux besoins de ses régions maritimes, plus faciles à approvisionner d'Australie.

Le monde dispose de plus de deux siècles de réserves de charbon. Malgré les engagements pris à Kyoto et ailleurs, la dépendance vis-à-vis du charbon demeure très importante, en Chine, mais aussi en Inde et encore au États-Unis : l'Asie, du Japon à Taïwan importe du « charbon-vapeur » pour ses centrales électriques (comme l'Europe) ; la sidérurgie nourrit ses hauts fourneaux de charbon à coke.

Sur les marchés mondiaux, les prix des charbons sont à peu près deux fois plus élevés qu'il y a cinq ans. En France, on se prend à rêver à la réouverture de mines. On parle même de « charbon propre ». Fin du pétrole, renaissance du charbon... Peut-être, mais saura-t-on en limiter les coûts environnementaux ?

Le pétrole : entre marché et cartel

Le lundi 29 août 2005, dans l'aube asiatique, puis sur le parquet du marché à terme de New York, le baril de pétrole léger a, pendant quelques heures, passé la barre de 70 dollars. Il marque ainsi, de manière symbolique, le passage à un troisième choc pétrolier. Mais à la différence des précédents (1973 ou 1980) celui-ci ne doit rien à un cartel et est l'œuvre des seules forces du marché. Quelques semaines plus tard, les ministres des Finances du G7 réunis à Washington, se sont élevés contre cette instabilité, ont fustigé les spéculateurs et ont appelé de leurs vœux une nouvelle organisation du marché mondial du pétrole. Les vieux réflexes ont la vie dure et il est vrai que dans sa courte histoire (cent quarante-six ans depuis 1859 et la première exploitation de Drake en Pennsylvanie), le marché du pétrole n'aura connu qu'une trentaine d'années de liberté.

À l'origine donc, le pétrole fut américain, en Pennsylvanie d'abord, puis, à partir du début du XXe siècle au Texas. Dès 1863, un certain John Rockefeller constitua avec la Standard Oil un véritable monopole du raffinage; il était assez puissant vingt ans plus tard pour imposer le «prix Standard» (à l'origine sur la Côte Est des États-Unis) comme la référence du marché, mettant fin, *de facto*, aux premiers marchés du pétrole qui avaient fonctionné jusque-là. Le démantèlement de la Standard Oil en 1911 sous les coups de boutoir de la législation anti-trust américaine, le développement de nouvelles productions en Russie puis, plus tard à Sumatra et au Moyen-Orient, ne modifièrent pas le modèle de gestion du marché, dominé par les grandes compagnies américaines de raffinage. Au lendemain de la guerre et de ses premiers partages coloniaux à relents pétroliers, les nouveaux «majors» du pétrole (les américains, Shell et BP) décidèrent de prolonger le système de contrôle du marché en le mondialisant quelque peu. Ce fut le fameux pacte d'Achnacarry (la propriété écossaise du patron de la Shell) qui, en 1928, mit en place un véritable cartel du pétrole qui perdura jusqu'en 1973. Le prix mondial était celui fixé par les compagnies du golfe du Mexique et tous les autres bruts étaient taxés d'un fret fictif les ramenant, en quelque sorte, au golfe du Mexique. Ce système fut modifié pendant la Seconde Guerre mondiale avec la création d'une référence «golfe Persique», ce qui permit aux compagnies de maintenir des prix bas et de minimiser donc les redevances aux États producteurs: ainsi, la ligne d'équivalence des prix entre le golfe du Mexique et le golfe Persique se situait à peu près à New York! Pendant tout l'après-guerre, le prix affiché aux États-Unis était un peu supérieur à 3 dollars le baril alors que celui de Ras Tanura (en Arabie Saoudite) était de 1,80 dollar. Vers la fin des années 1960, sur le petit marché « libre » qui commençait à se développer, les prix étaient encore plus bas du fait de ventes marginales en provenance d'URSS.

Tout change donc en 1974 : l'Opep prend le pouvoir un peu par hasard au lendemain de l'embargo mis en place à la suite de la guerre du Kippour. Les compagnies perdent la main : ce sont les membres de l'Opep et leurs compagnies nationales qui fixent le prix de référence et qui décident d'une multiplication par quatre à 11,65 dollars le baril de brut « Arabian light ». Les prix restent administrés, même si la perte d'influence des compagnies en aval provoque une certaine ouverture des marchés des produits raffinés : le New York Mercantile Exchange propose, sans grand succès, des premiers contrats à terme dès 1974. Pour le brut, même le marché libre se développe. Celui qui deviendra une figure légendaire du négoce du pétrole, Marc Rich, fait sa première opération de « trading » dès 1972. Car le pouvoir de l'Opep durera à peine une décennie. Le deuxième choc pétrolier provoqua une chute de la demande, la montée de nouveaux producteurs. Arc-bouté sur la défense de « son » prix, l'Opep ne cessait de perdre des parts de marché. En 1985, le cartel jetait l'éponge, abandonnait toute politique de prix pour se concentrer sur la reconquête de ses marchés : ce fut le contre-choc pétrolier et l'effondrement des prix à moins de 10 dollars le baril en quelques mois.

Depuis vingt ans donc, le marché du pétrole a retrouvé la liberté qui fut la sienne durant ses premières années en

Pennsylvanie. Dès le début des années 1980, des marchés à terme se sont développés et, après 1986, ils sont devenus les références incontestables du monde pétrolier : le Nymex à New York et l'ICE à Londres et à Atlanta qui se livrent une concurrence farouche. Au-delà, l'ensemble des marchés dérivés (de gré à gré ou OTC, *over the counter*) offrent une très large gamme de cotations et de « produits », des simples options aux swaps les plus complexes : on cote aujourd'hui sans problème du pétrole à dix ans.

Plus personne en vérité ne « fait » le prix du pétrole. Les marchés sont trop vastes (le volume du virtuel, du papier, est dix fois au moins celui du physique, ce qui est un gage de liquidité et de profondeur du marché). Aucun spéculateur ne peut influencer le marché : les « *hedge funds* », que l'on a accusés de tous les maux, étaient en fait plutôt baissiers en août 2005, et ont perdu de l'argent. À un moment donné, le prix du pétrole est la somme des anticipations de l'ensemble des opérateurs de ce que sera demain le rapport entre l'offre et la demande. L'Opep, qui ne contrôle qu'un peu plus du tiers de la production mondiale, est un acteur parmi d'autres.

On peut toujours rêver d'un nouveau « pacte d'Achnacarry » qui réunirait l'Opep, la Russie, le G7 et la Chine et qui fixerait un prix « équitable » du pétrole. Mais la réalité est tout autre et les marchés ne font pas mal leur métier : à 70 dollars le baril - 80 dollars même en août 2006 - ils nous disent qu'il est grand temps de préparer l'après-pétrole et que l'histoire de l'or noir, commencée en 1859, se terminera à peine deux siècles plus tard.

Gaz naturel : les dangers de la « Dutch disease »

On a beaucoup parlé de gaz naturel dans les premiers jours de 2006. La guerre du gaz a fait rage entre l'Ukraine et la Russie quelques jours à peine après que, sur le marché à terme de New York, son prix ait atteint l'équivalent de 100 dollars le baril de pétrole. Juste retour des choses pour un produit qui tout au long du XXe siècle a vécu dans l'ombre du pétrole et qui fait ainsi en fanfare son entrée sur la scène géopolitique mondiale.

C'est en Chine, il y a bien des siècles, que le gaz naturel fut utilisé pour la première fois : transporté par des tubes de bambou, il était utilisé dans des chaudières et pour l'éclairage. Au XIXe siècle, l'exploitation du gaz naturel commença aux États-Unis et resta en fait jusqu'en 1945 un phénomène presque exclusivement américain : première exploitation en Pennsylvanie en 1840, premier gazoduc en bois en 1870, en fer en 1872... Un siècle plus tard la production de gaz naturel restait concentrée en Amérique du Nord.

Mais la géographie du gaz naturel s'est profondément modifiée ces trente dernières années : de nouveaux producteurs sont apparus en Europe et au Moyen-Orient et, pour certains, ont déjà disparu (le gaz de Lacq pour la France) ; des découvertes importantes ont propulsé l'URSS au rang de premier acteur mondial ; de strictement locaux, les marchés sont devenus régionaux, voire mondiaux même si, du fait de son état, le gaz naturel reste plus difficile à transporter et à stocker que le pétrole : il faut en effet des gazoducs pour les parcours terrestres et pour quelques courtes escapades maritimes (Méditerranée, Baltique) ; ou bien il faut maîtriser la chaîne complexe passant par la liquéfaction (GNL, gaz naturel liquéfié) et l'utilisation de méthaniers.

Il existe aujourd'hui donc trois marchés distincts, sans être toutefois étanches : l'Amérique du Nord, l'Europe au sens le plus large et le GNL surtout asiatique.

Le marché nord-américain est le plus ancien, mais pas le plus important ; les États-Unis ont depuis longtemps passé le temps du « *peak gas* » et ne renouvellent plus leurs réserves. Pourtant 57 % des ménages américains se chauffent au gaz. C'est un marché totalement dérégulé dont les prix fluctuent librement. Depuis quelques années, les tensions y sont plus fortes que pour le pétrole : en effet le marché est isolé, les États-Unis disposant de trop peu d'installations de regazéification et ne pouvant donc s'approvisionner sur le marché du GNL. Aux moindres frimas d'hiver, les prix flambent anticipant même sur ceux du pétrole : en 2005 les ménages américains ont payé leur gaz en moyenne 38 % plus cher qu'en 2004. Ceci a provoqué la faillite de l'un des principaux distributeurs et producteurs d'électricité, Calpine, et l'une des principales OPA de l'année : 36,5 milliards de dollars pour que Conoco, en rachetant Burlington Resources, constitue le premier groupe gazier américain.

En Europe, la page des monopoles est loin d'être tournée, de Gazprom à GDF. On exploite le gaz depuis les années 1950 dans la plaine du Pô et à Lacq, et surtout à Groningue aux Pays-Bas depuis 1960. L'impact de ce gisement sur l'économie néerlandaise fut pour les économistes une illustration de la thèse de la « malédiction des matières premières » désormais appelée « *Dutch disease* ». Plus tard vint le gaz de la mer du Nord et celui d'Algérie. Mais ceci ne tarda pas à être insuffisant pour les appétits croissants de l'Europe, et il fallut se tourner vers l'Est.

À l'est, l'URSS géra longtemps ses ressources au sein du COMECON (ou CAEM) selon la logique des transferts. Les premiers producteurs furent la Roumanie, la Pologne et... l'Ukraine qui, vers 1970, fournissait encore 30 % des besoins soviétiques. Plus tard, ce furent la Sibérie et l'Asie centrale. Au moment de l'éclatement de l'URSS, alors que la scène pétrolière se balkanisait, Gazprom restait à peu près intact et est aujourd'hui totalement contrôlé par le pouvoir central, qui ne peut rester indifférent à une entreprise qui pèse 8 % du PIB russe. Plus encore que le pétrole, le gaz est au cœur de l'arsenal russe et ce d'autant plus que les « vassaux » producteurs de la Caspienne sont étroitement sous contrôle. La guerre du gaz au début 2006 en a été l'illustration. Les prix de contrat sont certes liés aux prix européens et au pétrole mais leur dimension est politique : 230 dollars les 1 000 m^3 à l'Ouest, 50 dollars pour les belarusses avant les augmentations du début 2007, et des fournitures entre 40 et 60 dollars par les « amis » turkmènes.

Mais la Russie a d'autres ambitions en Orient et développe ses gisements de l'île de Sakhaline dont elle a expulsé les pétroliers occidentaux et japonais. C'est que le troisième marché du gaz naturel est celui de l'Asie, non plus par terre mais par mer, au travers du GNL dont la demande a augmenté de 7, 3 % par an entre 1994 et 2004, une demande aux deux tiers asiatique.

Pour l'instant ce sont la Malaisie et l'Indonésie qui fournissent le Japon et la Corée du Sud. Mais le gros des réserves est bien entendu au Moyen-Orient (Iran, Qatar, Oman actuellement) et la croissance de la demande à venir est en Chine, dont les projets d'installations de regazéification sont parmi les plus importants au monde, et dont la consommation a augmenté de près de 20 % en 2004 et 2005.

La Chine qui « inventa » le gaz il y a quelques siècles devrait être au XXIe siècle au cœur d'un véritable marché mondial, entre les tuyaux russes et les navires en provenance du Golfe. Quant à la Russie, monsieur Poutine devrait peut-être méditer les leçons de l'histoire, analyser la « *Dutch disease* » et se demander si ce n'est pas le mal qui guette une Russie trop riche de pétrole, de métaux et de gaz.

Du vent dans les feuilles d'« Amaranth »

Comment perdre 6 milliards de dollars en quelques jours au grand casino des marchés dérivés ? N'est-ce pas la preuve que tout est artificiel sur la planète financière, que les gains et les pertes y sont illusoires mais concourent à détruire un peu plus l'économie « réelle » et ses prolétaires.

Écoutez donc l'histoire d'Amaranth.

Amaranth est un « *hedge fund* » fondé en septembre 2000 par Nick Maounis avec en particulier des anciens d'Enron. C'est un fonds qui se définissait lui-même comme « multistratégies » mais qui, théoriquement, faisait surtout de l'arbitrage en cherchant à exploiter les anomalies du marché : différences entre échéances, entre physique et papier, entre obligations convertibles et actions... Ce genre de fonds est rassurant pour les investisseurs dans la mesure où il ne prend pas de positions en tant que telles mais se contente de jouer la volatilité.

Au lendemain de la chute d'Enron, Amaranth développa une forte activité dans le domaine énergétique et embaucha au printemps 2004 un jeune Canadien, Brian Hunter, spécialisé sur le gaz naturel et qui avait fait ses armes à la Deutsche Bank.

Le marché du gaz naturel est l'un des plus volatiles des marchés de l'énergie. Du fait des problèmes de transport, il est organisé sur une base continentale. En Amérique du Nord, le gaz naturel est une source d'énergie très importante notamment pour le chauffage. Le marché est donc très sensible aux aléas de température (un hiver froid) ainsi qu'aux avatars affectant la production comme les cyclones dans le golfe du Mexique : ainsi les cyclones de l'été 2004 avaient provoqué un doublement des prix sur le marché à terme de New York, le Nymex, de 4 dollars à 8 dollars le million de BTU (*british termal unit* : on peut considérer que 15 dollars le million de BTU est l'équivalent de 100 dollars le baril de pétrole). En 2005, Brian Hunter commença à prendre des positions de plus en plus agressives, en jouant l'écart entre les positions rapprochées et éloignées. Il semble d'ailleurs que plusieurs fonds aient adopté (de concert ?) la même stratégie. Celle-ci fut en tout cas gagnante : le cyclone Katrina provoqua l'arrêt d'une bonne partie de la production de gaz du Sud des États-Unis et ceci fut suivi par un début d'hiver particulièrement froid : de 6 dollars le marché bondit à 15,37 dollars le 13 décembre 2005. Sur ce coup Amaranth gagna plus d'un milliard de dollars et Brian Hunter qui avait empoché en 2005 un bonus supérieur à 75 millions de dollars concentra sur ses lignes une part de plus en plus importante des fonds d'Amaranth sans que le suivi des risques pris soit vraiment réalisé : il est vrai que les plus grands noms de la finance, de Goldman Sachs à Morgan Stanley, lui avaient confié quelques fonds. Début 2006, alors que le marché du gaz naturel se repliait nerveusement avec une fin d'hiver plus chaude qu'anticipée, Hunter alterna bonnes et mauvaises performances mais sut rester positif et au 31 août 2006, Amaranth pesait 9,2 milliards de dollars.

Dans un climat fortement haussier des marchés de l'énergie (ne parlait-on pas de pétrole à 100 dollars le baril ?), Brian Hunter et quelques autres fonds cherchèrent à renouveler leur stratégie gagnante de 2005. Hélas, rien ne se passa comme prévu. D'abord il n'y eut pas de cyclones, encore moins à l'échelle de Katrina, et le prix du pétrole se replia assez brutalement. Ensuite, les prévisions climatiques pour l'hiver furent affectées par l'annonce d'un nouveau phénomène, « El Niño », sur le Pacifique se traduisant par la probabilité d'un hiver plus doux qu'à l'habitude. Dans le courant du mois d'août, les prix tombèrent de 8 dollars à moins de 5 dollars début septembre. Un premier fonds, Motherrock Energy Fund doté de 400 millions de dollar de capital fit alors faillite. Il était dirigé par Bo Collins, un ancien président du Nymex, et semble avoir été au cœur des manœuvres de 2005. Amaranth reprit l'essentiel de ses positions et Brian Hunter conserva encore quelques jours sa stratégie de marché. Mais rapidement celle-ci devint intenable. Le 19 septembre, Amaranth annonçait avoir perdu 35 % de sa valeur de marché, mais bientôt ce fut 65 %, soit quelque 6 milliards de dollars.

À la différence du krach de LTCM en 1998, il n'y eut pas d'effet systémique. Du fait de la quasi-mutualisation des fonds de fonds, la perte a été répartie sur l'ensemble du marché. Cédé à JP Morgan et au fonds Citadel, le portefeuille énergie d'Amaranth a pu être dénoué sans trop de problèmes en ce qui concerne les marchés de gré à gré (ou OTC). Début octobre, Amaranth était en voie de liquidation et allait bientôt rejoindre les cimetières des Enron et autres Refco.

Que conclure ? Admirer certainement la plasticité des marchés financiers qui ont pu encaisser sans ciller pareil choc. S'étonner quand même de la légèreté avec laquelle pareille position purement spéculative a pu être montée et développée au nez et à la barbe des maisons les plus célèbres de la planète financière, s'indigner aussi de la légèreté avec laquelle des milliards de dollars peuvent être gagnés ou perdus. S'inquiéter enfin de l'absence de contrôle des marchés de gré à gré et de la facilité avec laquelle pareilles positions peuvent être prises. Même en tenant compte d'un effet de levier limité (estimé à quatre à cinq fois les capitaux disponibles), la position d'Amaranth, au vu des pertes, devait être énorme, l'équivalent de la totalité de la position de place du Nymex.

Le monde des commodités n'est pas avare de pareilles histoires de paris et de manipulations. On se souvient des frères Hunt sur l'argent en 1980, de Sumitomo sur le cuivre... Ce qui est ici nouveau c'est l'irruption des *hedge funds* – et potentiellement de leurs 1 500 milliards de dollars d'actifs gérés – sur des marchés au fond un peu étroits et donc faciles à manipuler. On dit que Brian Hunter avait rêvé de pousser le gaz naturel américain à 25 dollars ! Et à l'automne 2006, on parlait beaucoup de manœuvres identiques sur certains métaux comme le cuivre ou le nickel. Tout ceci est possible mais il est peu probable que les marchés s'en trouvent affectés au-delà de quelques semaines. Pour les matières premières, en effet, c'est un vieil adage qui s'est toujours vérifié : « Le physique a toujours raison ». Ce fut encore valable en septembre 2006 pour le gaz naturel !

L'ÉTHANOL, UNE NOUVELLE COMMODITÉ...

Il est des matières premières fort anciennes dont les échanges ont façonné l'histoire économique : l'étain de l'Antiquité, le poivre des grandes découvertes, le cuivre des Habsbourg, le coton du sud-américain, plus tard le pétrole bien sûr, puis l'aluminium, l'uranium et pourquoi pas aujourd'hui les semi-conducteurs. Mais en ce début de XXIe siècle, au temps du troisième choc pétrolier, une nouvelle commodité fait l'objet de maints espoirs et déjà de cotation sur les marchés à terme de Chicago et de São Paulo : l'éthanol.

L'éthanol est un alcool produit à partir de la distillation de végétaux d'origine agricole et éventuellement forestière. Sa production n'est pas nouvelle, et l'utilisation en était essentiellement chimique et pharmaceutique. Dans les années 1960, le commerce mondial de « l'alcool » (terme utilisé à l'époque) était dominé par une filiale du groupe de négoce international français Louis Dreyfus. Mais c'était alors un produit de faible importance.

Au lendemain du premier choc pétrolier, le Brésil lança un ambitieux projet: le plan «ProÁlcool». Il s'agissait de produire de l'éthanol à partir de la canne à sucre et de l'utiliser en substitut à l'essence comme carburant automobile. La canne à sucre présente en effet de nombreux avantages en termes d'équilibre énergétique: la combustion de la bagasse (fibre de la canne) fait de la sucrerie ou de la distillerie de canne une unité excédentaire en énergie, avant toute production d'éthanol. Malheureusement le contre-choc pétrolier (et le baril à moins de 10 dollars) remit en cause le projet brésilien dont le coût devint prohibitif dans les années 1990.

Aux États-Unis pendant ce temps-là, le gouvernement encourageait la production d'éthanol à partir du maïs: le rendement énergétique est bien moindre – quoique probablement positif – et les besoins en eau sont plus importants, mais les sous-produits peuvent être utilisés en alimentation animale. Généreusement subventionnée, la production américaine d'éthanol a explosé ces dernières années: au-dessus de 40 dollars le baril, l'éthanol devient rentable. En 2006, les États-Unis ont produit 18 milliards de litres d'éthanol, dépassant pour la première fois le Brésil (16,9 milliards de litres), loin, très loin devant les très modestes productions européennes (en France, par exemple, trois usines et six projets à partir de maïs mais surtout de blé et de betteraves). Les investisseurs, à l'image de Bill Gates, se sont rué aux États-Unis sur cette nouvelle production, encouragés par les discours tenus par les autorités et par l'Energy Policy Act de 2005 qui prévoit un objectif de production de 23 milliards de litres en 2012. Plus de quarante usines (d'une capacité moyenne de 350 millions de litres) sont actuellement en construction. Le résultat n'a pas tardé à se faire sentir sur le marché du maïs : sur une production américaine de 280 à 300 millions de tonnes, ce sont près de 60 millions de tonnes qui vont partir en éthanol en 2006. Le bilan américain du maïs est de plus en plus déficitaire et, à Chicago, le boisseau de maïs est passé de 2 dollars à près de 3,50. Les producteurs de bétail n'apprécient guère et s'inquiètent de cette nouvelle concurrence énergétique : le débat fait d'ailleurs rage – sur fond de flambée des cours céréaliers – sur le thème «*food against fuels*» : n'y a-t-il pas un risque que l'utilisation énergétique des grains ne prenne le pas sur leur fonction alimentaire ?

L'éthanol est, en tout cas, devenu une «matière première» à part entière : depuis mars 2005, il est coté sur le Chicago Board Trade, avec des volumes encore modestes. Il l'est aussi à São Paulo sur la Bolsa de Mercados e Futuros (BMF). Mais pour l'instant, on ne peut encore parler de marché mondial : les États-Unis sont protégés par des droits de douane de 54% ; le Brésil exporte un peu vers l'Europe, notamment vers la Suède et espère une ouverture plus large du marché européen lorsque sera signé l'accord de libre-échange UE-Mercosur. En Europe même, à l'image de la France, les projets sont nombreux et devraient permettre d'assurer un nouveau débouché aux céréales européennes au moment même où vont changer les règles du jeu de la politique agricole commune.

L'éthanol reste encore une denrée «politique» dont les conditions de production sont liées aux aléas réglementaires et fiscaux des États-Unis ou de l'Europe. À plus long terme, il n'est pas certain que les débouchés alimentaires doivent l'emporter. Le relais pourrait être pris alors par l'éthanol provenant de la biomasse et des déchets agricoles et forestiers. L'éthanol cellulosique n'en est qu'au stade de l'expérimentation mais son potentiel semble considérable.

Dans le courant du XXIe siècle, se terminera « l'âge du pétrole ». Bien plus que l'atome ou le vent, nous entrerons alors dans l'âge de l'éthanol et des biocarburants.

CHAPITRE 4

Pistes et détours

Nous n'avons évoqué jusqu'à présent que des matières premières « classiques ». Mais le monde des marchés est beaucoup plus large dans cette notion de « commodités » dont nous avons parlé en introduction. Il y a bien entendu tout l'univers des marchés de produits financiers qui dépasse largement le cadre de ce petit livre. Mais la commodité suprême n'est-elle pas le dollar, dans lequel toutes les autres sont cotées ?

Plus proches de nous sont les marchés de services et l'un d'entre eux au moins a, de tout temps, été lié aux échanges : il s'agit du transport et, au premier chef, du transport maritime. À l'origine du capitalisme n'y a-t-il pas ces premières sociétés de fait à Amalfi au Xe siècle au sein desquelles un partenaire « à terre » confiait un capital à un partenaire « en mer » pour qu'il parte en quête des épices du Levant ? Aujourd'hui encore, entre l'armateur et le chargeur, il y a le marché du **fret mari-**

time, tout particulièrement celui des navires de vrac qui transportent céréales, minerais ou pétrole. C'est traditionnellement un indicateur avancé de la conjoncture économique, un précurseur des grandes crises sur les marchés internationaux et cela a été encore le cas depuis 2003.

Un autre marché est tout aussi ancien mais là, parler même de commodité tient presque de la provocation : par essence, l'**art** est fait de produits uniques même si certaines reproductions multiples peuvent laisser rêveur. Pourtant le marché mondial de l'art, par les montants qu'il brasse, par sa sensibilité à la conjoncture économique, s'apparente bien à la logique des marchés des commodités. Mais que le lecteur ne voie là qu'un clin d'œil un peu poussé.

Beaucoup plus sérieux est le dernier sujet par lequel se terminera ce livre : face à l'épuisement des ressources naturelles, il y a une mine encore largement inexploitée, celle des **déchets**, le marché mondial en volume le plus important de tous ceux qui sont traités ici : vieux papiers, ferrailles, plastiques aujourd'hui, biogaz et énergie demain. Depuis deux siècles les hommes gaspillent. N'est-il pas temps de revenir au rêve des alchimistes anciens et de faire de l'or à partir de nos déchets !

Haut les frets !

Quelle est matière première – ou plutôt la commodité – dont la hausse des prix a battu tous les records en 2003 tout comme en 2007 ? Ce n'est ni le nickel (+ 42 % de hausse du prix moyen 2003 par rapport à 2002) ni le coton ou le caoutchouc (+ 37 % chacun). Ce n'est en vérité pas à proprement parler une marchandise mais un service dont le marché a toujours fonctionné suivant la logique des commodités qu'il transporte : c'est le transport maritime dont l'un des indices de référence, celui du Baltic, a bondi de 130 % en 2003, provoquant de sérieuses perturbations dans les flux de produits comme les minerais ou les grains.

Il y a en fait plusieurs marchés du transport maritime : on distingue au départ les lignes régulières et les navires affrétés pour un certain voyage ou pour une durée précise. Les lignes régulières (pour l'essentiel dotées maintenant de porte-conteneurs) font l'objet de taux fixés dans le cadre de « conférences maritimes » réunissant les armateurs opérant sur une même ligne. Les fluctuations de prix portant sur la location de navires par les opérateurs y sont en général moins fortes que celles que l'on rencontre sur le marché des navires vracquiers. Ceux-ci sont soit des tankers, soit des navires pour le vrac sec (minerais, grains, engrais...). Les vracquiers peuvent être affrétés (c'est-à-dire loués) pour une certaine durée ou bien au coup par coup pour un voyage, ce que l'on appelle le « *tramping* » (littéralement vagabondage au hasard des cargaisons). C'est ce dernier marché qui est le plus volatile et qui, pour le vrac sec, fait l'objet du calcul d'un indice basé sur la cotation des 25 « routes » les plus fréquentées : en 2003, cet indice dit du « Baltic » a donc augmenté de 130 %. Calculé sur une base 1 000 en janvier 1985, il avait fluctué entre 600 et 2 200 depuis, se trouvait un peu au-dessous de 900 fin 2001 et culminait fin janvier 2004 à 5 400 ! Après un passage à vide en 2005, les taux sont repartis de plus belle à la hausse pour approcher le niveau des 8 000 durant l'été 2007.

Le nom de « Baltic » peut être trompeur. Il rappelle le temps où le négoce anglais exploitait la mer Baltique (la première compagnie à charte anglaise, la « Muscovy Company », a été fondée en 1553). Au XVIIIe siècle, chargeurs et armateurs actifs dans cette région prirent l'habitude de se réunir dans un pub, le « Virginia and Baltick ». À la suite de plusieurs déménagements, un véritable marché international du fret s'installa en 1903 dans un nouveau bâtiment, le Baltic Exchange qui abritait aussi les marchés des céréales et des oléagineux. Il y a encore quelques années c'était le lieu où se rencontraient chaque jour les armateurs, chargeurs et courtiers maritimes et là que se négociaient les contrats d'affrètement. Malgré l'hétérogénéité des contrats (taille des navires, produits transportés, routes), les courtiers du Baltic prirent l'habitude de publier des taux de fret moyens et de calculer un indice qui fit même l'objet pendant quelques années d'un véritable marché à terme de futures, le Biffex.

Bien loin de la Baltique médiévale, les taux de fret ont donc flambé ces dernières années, et tout particulièrement depuis juillet 2003. Un voyage « Golfe-Japon » (départ golfe du Mexique pour des céréales, sur un « panamax » de 70 000 à 80 000 tonnes) qui coûtait alors 20 dollars la tonne était à 70 dollars la tonne début 2004. Un navire « capesize » (175 000 tonnes en général utilisées pour les minerais) qui, en moyenne, ces vingt dernières années se négociait 15 000 dollars par jour, se louait 100 000 dollars. Un navire de ce type, commandé en 2002 dans un chantier naval pour 36 millions de dollars et livrable en mars 2004, a fait l'objet d'offres refusées par son heureux propriétaire à 72 millions de dollars ! Le fret coûte aujourd'hui beaucoup plus cher que la marchandise transportée lorsqu'il s'agit de minerais comme le fer ou le charbon et a pu atteindre presque la moitié du prix FOB des céréales.

Que s'est-il passé ? Comme sur tout marché non régulé, le prix est la résultante de la confrontation entre l'offre (les navires disponibles et les commandes aux chantiers navals) et la demande (les marchandises à transporter et les distances à parcourir). Il n'y a pas à proprement parler de marché dérivé sur le fret, et donc la spéculation « papier » ne joue qu'un rôle marginal : nous sommes en présence d'un véritable cas d'école de théorie économique. Du côté de la demande, l'élément déterminant reste le facteur chinois tant au niveau des minerais que des produits agricoles : la Chine est devenue le premier importateur mondial de minerai de fer, un minerai de fer qui vient de loin, notamment du Brésil, d'où vient également une bonne partie du soja dont elle est devenue le premier triturateur mondial. Le facteur chinois (qui a aussi entraîné des congestions de ports plus importantes qu'à l'habitude) a été la goutte d'eau qui a fait déborder le vase en 2004 tout comme en 2007 (cette fois-ci avec des importations de charbon). Les taux très faibles des années précédentes avaient découragé tant les armateurs qui préféraient envoyer à la démolition des navires qui ne payaient même plus leurs frais de soute, que les chantiers navals qui préféraient construire des navires plus sophistiqués et plus rentables. Sur un marché du vrac sec qui compte quelque 5 000 navires, l'offre est particulièrement atomisée entre de multiples armateurs parmi lesquels on retrouve de nombreuses familles grecques, norvégiennes ou chinoises.

La persistance de la demande chinoise et l'absence de navires disponibles permettent de penser que la tension actuelle va se poursuivre dans les mois à venir avec des conséquences difficiles à apprécier, en particulier pour les marchés céréaliers : la Méditerranée devient ainsi bien chère pour les céréales américaines ou australiennes. À moyen terme, la flambée actuelle présente au moins un avantage : celui de rappeler que tout produit ou service a un coût, que l'on ne peut s'indigner contre les pavillons de complaisance et les navires-poubelles et refuser, à un moment ou à un autre, d'en payer le prix. De tous les marchés de commodités, le marché du fret est le plus libre de toute forme d'ingérence publique (si l'on excepte les subventions aux chantiers navals). Son efficience trouve quand même aujourd'hui ses limites.

La folie de l'art

C'est un tableau mythique, le portrait en pied, toute d'or vêtue d'Adèle Bloch Bauer, peinte dans les années 1920 par Gustave Klimt. Volé par les nazis, restitué en 2006 par les musées de Vienne, il a été vendu de gré à gré 135 millions de dollars au milliardaire américain Ron Lauder pour son musée de New York. Au total en 2006, une bonne quinzaine de toiles ont été vendues en privé ou au feu des enchères à plus de 30 millions de dollars : des impressionnistes et modernes comme Picasso, Gauguin ou Van Gogh mais aussi des contemporains comme Pollock, de Kooning ou Jasper Johns. Grâce aux nouveaux riches de Wall Street et de la City, de Russie et de Chine, le marché de l'art a battu tous ses records antérieurs. Et il est vrai que l'art est un assez bon indicateur de la prospérité économique en général, mais surtout de la nouvelle géographie des richesses : l'Europe, vieux gisement d'art accumulé souvent pendant des siècles exporte vers les États-Unis ses peintures, vers Hong Kong ses chinoiseries !

Très tôt le marché de l'art a été international, les flux s'organisant entre les lieux de création et les régions d'achat : ainsi ce furent les riches Romains allant faire leurs emplettes en Grèce, s'achetant des copies d'œuvres célèbres. Plus tard, c'est l'Italie de la Renaissance qui devint le pôle de création majeur. Après François Ier rapportant quelques toiles de ses campagnes d'Italie, ce furent les aristocrates anglais qui durant leur « grand tour » ne manquaient pas d'acquérir quelques cartes postales de Venise signées Canaletto ou Guardi. À la même époque, la Grande Catherine utilisait des rabatteurs comme Diderot pour constituer ses collections. Au XIXe et au début du XXe siècle, ce fut au tour de la France de se trouver au centre du marché de l'art, tant en terme de création que de lieu d'échange. Grâce à un système original de « commissaires priseurs », officiers ministériels indépendants exerçant en un lieu unique de vente, le célèbre Hôtel Drouot, Paris était alors la plaque tournante d'un marché international de l'art largement dominé par ce qu'on pouvait appeler le « bon goût français ».

Ceci ne dura guère au-delà des années 1970 : enfermés dans leur monopole, les commissaires-priseurs français ne surent pas comprendre que leur marché se mondialisait et que notamment New York concentrait à la fois la richesse mais aussi la création, avec des artistes comme Andy Warhol. La France disposait encore d'un fabuleux gisement, fruit de l'accumulation de ses dynasties bourgeoises, mais il valait mieux exporter pour vendre l'art moderne et contemporain à New York, la peinture ancienne à Londres, réservant à Paris quelques niches comme les arts premiers ou l'art déco.

Aujourd'hui, le marché mondial de l'art est dominé par un duopole de maisons de ventes présentes dans le monde entier : Christie's, propriété de François Pinault (Artemis) et Sotheby's : ce sont elles qui organisent les grandes ventes de printemps et d'automne à New York : celles de novembre 2006 ont totalisé en une semaine 1,4 milliard de dollars ! Mais elles sont aussi présentes à Hong Kong (où Christie's a réalisé en 2006 un chiffre d'affaires de 364 millions de dollars contre 200 millions de dollars à Paris), ou à Dubaï ; elles organisent des ventes d'art russe, chinois et désormais indien. Les ventes françaises autour de Drouot, ne pèsent guère plus que 10 à 15 % d'un marché de plus en plus marqué par l'émergence de sites de ventes électroniques comme « e-bay ».

Mais le marché de l'art vit aussi au rythme de ses grandes foires animées par marchands et galeries : Maastricht en mars pour la peinture et les objets anciens, Bâle en juin, Miami en décembre pour ne citer que les deux événements majeurs de l'art contemporain. Partout, en 2006, les prix ont atteint des niveaux inimaginables quelques années auparavant. C'est que l'art est un peu devenu un produit financier, une « commodité », objet de spéculation avec tout ce que ceci peut impliquer d'irrationnel.

On vend aujourd'hui à Paris de l'art contemporain chinois tout comme des masques africains. En novembre, à Londres, il y a la semaine russe. Des ventes ont eu lieu à Shanghai mais aussi à Dubai. Avec son épicentre à New York, le marché de l'art connaît une véritable mondialisation pour un chiffre d'affaires que l'on peut estimer autour de 30 milliards de dollars : le génie des créateurs certainement, beaucoup de vanité et puis la dynamique des marchés financiers. Tout ceci n'a au fond guère changé depuis le temps où de riches romains se disputaient des marbres grecs.

UNE NOUVELLE MINE : LES DÉCHETS

Longtemps, les hommes ont eu le sens de la rareté... Leur maîtrise de la nature était suffisamment précaire pour qu'ils aient conscience de leurs limites et de leur dépendance. Tout ce qui était disponible en fonction d'un savoir technique encore limité était utilisé, récupéré, réutilisé sans que l'on parle même de déchets.

Tout change avec la révolution industrielle de la fin du XVIIIe siècle : de manière radicale, les hommes prirent le dessus sur la nature et s'affranchirent de ses contraintes. C'est alors que commencèrent les deux grands siècles du décollage économique et technologique de l'Occident, deux siècles marqués par l'exploitation sans limites ni précautions des ressources naturelles – et souvent humaines aussi – de la planète. La relation de l'homme aux déchets, de plus en plus volumineux, dans les zones urbaines et industrielles, commença à se modifier. De ressources potentielles, ils devinrent des nuisances qu'il fallait cacher, éliminer afin de protéger l'hygiène publique. Ce fut en 1884, à Paris, l'admirable invention du préfet Poubelle ; un siècle plus tard, avait disparu le petit peuple des crocheteurs (qui avec leurs crochets partaient à la recherche des métaux) et des chiffonniers (les chiffons dont on faisait du papier), celui dont parlait Baudelaire dans *Les Fleurs du Mal*, « ces gens tout voûtés par le poids des débris, et des fumiers infects que rejette Paris », celui-là même que l'on retrouve encore aujourd'hui sur les immenses décharges à ciel ouvert des grandes villes du tiers-monde.

La grande crise des matières des matières premières des années 1970 avec le premier choc pétrolier amorça un début de prise de conscience des limites de notre planète en termes de ressources naturelles d'une part, du potentiel que représentaient les gisements de nos déchets d'autre part. Curieusement pourtant, le fameux rapport « Halte à la croissance » du Club de Rome, en 1972, s'il évoquait la nécessité d'améliorer le recyclage des déchets n'en faisait pas une piste majeure pour l'avenir. Ce n'est que bien plus récemment, à la faveur de nouvelles crises sur les marchés, que le passage des déchets de « nuisance à éliminer » à « ressources à exploiter », a été consommé. Dans un monde qui prend conscience – enfin – de ses défis et de ses bornes, peut-on laisser pareil gisement presque inexploité ?

Chaque jour notre planète produit plus de dix millions de tonnes de déchets (à l'exclusion de ceux provenant de l'agriculture et de la construction). Cela représente chaque année à peu près 4 milliards de tonnes, soit l'équivalent des productions mondiales de céréales, d'acier et de métaux confondues. Les seuls déchets « municipaux » (nos poubelles) pèsent 1,2 milliard de tonnes, dont une bonne moitié pour les pays de l'OCDE : là où un Américain « produit » un peu plus de 700 kg de déchets par an, un Européen un peu moins de 600 tout comme l'habitant d'une ville chinoise, les habitants des grandes cités du tiers-monde en sont à 150 à 200 kg par an. Plus on est riche et urbanisé, plus on produit de déchets. À ces déchets municipaux, il faut ajouter les déchets industriels, liés au cycle de production et de vie des biens qui nous entourent.

Que faire de ces déchets ? Dans bien des pays du tiers-monde on en est toujours aux décharges sauvages. Ailleurs, suivant des philosophies et des cultures assez différentes, en enterre, on incinère, on recycle. Il est encore en ce domaine bien difficile de disposer de statistiques fiables : les 600 incinérateurs de la planète traitent 170 millions de tonnes de déchets municipaux et produisent en énergie l'équivalent de 600 000 barils de pétrole chaque jour. Mais il faut y ajouter le développement considérable des décharges avec valorisation énergétique (production de biogaz) ainsi que la fabrication de compost (18 millions de tonnes en Union européenne).

Le recyclage en tant que tel représente quelque 600 millions de tonnes, des plumes aux ferrailles, des « vieux papiers » aux produits de l'électronique. Et là, on peut vraiment parler de marchés et d'échanges internationaux. C'est le cas pour la « fripe », les vieux vêtements exportés d'Europe et d'Amérique par conteneurs que l'on dépote sur les marchés africains et dont le commerce représenterait d'après Oxfam-Solidarité plus d'un milliard de dollars par an. Mais les volumes les plus importants sont ceux de ferrailles (400 millions de tonnes) et de fibres cellulosiques (papiers : 170 millions de tonnes) devant les métaux non ferreux et les plastiques.

Les producteurs de déchets, ceux qui savent en exploiter les gisements sont les pays les plus avancés, les plus riches et les plus consommateurs de biens manufacturés et de leurs emballages. Ceux qui ont besoin de ces « matières secondaires » sont les pays émergents. Logiquement le commerce des produits à recycler va donc du Nord vers le Sud, non pas que nous exportions nos déchets comme le pensent certains alter mondialistes mal informés, mais parce que les pays émergents ont besoin de ressources. Les deux principaux importateurs de ferrailles au monde sont la Turquie et la Chine et, il y a quelques mois, les sidérurgistes américains ont demandé à leur gouvernement de les protéger face à l'appétit prédateur des Chinois menaçant leur gisement national de ferrailles et provoquant la hausse des prix. La Chine est aussi très gourmande de déchets d'aluminium et de cuivre. Elle représente désormais la moitié des importations mondiales de fibres cellulosiques de récupération, quelque 20 millions de tonnes en 2006. Les « vieux papiers » servent de lest aux conteneurs qui repartiraient vides d'Europe ou d'Amérique.

Il y a quelques années, les prix des fibres de récupération en Europe étaient « négatifs » (il fallait payer pour les faire enlever) ; il en coûte désormais 150 dollars la tonne aux importateurs chinois. Quant aux ferrailles leur prix a plus que doublé de la fin 2005 à mars 2007 et quadruplé depuis la fin du siècle dernier !

C'est que le monde enfin a retrouvé le sens de la rareté. En comptant très large, un milliard de tonnes de déchets seulement sont exploitées aujourd'hui, le quart du potentiel mondial. Quelles mines sous nos pieds, dans ces pays développés qui, s'ils n'ont plus de pétrole ou d'énergie et de ressources naturelles, ont au moins des déchets !

CONCLUSION

Encore un dernier mot

Du poivre aux déchets, voilà donc fini ce voyage au cœur des marchés de matières premières. Au fond les deux bornes en sont assez symboliques : l'appétit pour les épices et le poivre fut à l'origine des toutes les aventures marchandes qui contribuèrent à ouvrir l'Europe au lendemain de l'âge sombre qui avait suivi la chute de Rome. Le premier grand négoce international fut celui du poivre que dominaient au XVe siècle, les Fugger, le prototype même de nos modernes « *traders* ». Et puis il y eut le coton, le fer et le charbon, le cuivre et l'étain, le blé et le sucre avant que nous n'entrions dans l'ère du pétrole qui aura connu son apogée dans le dernier quart du XXe siècle. Voilà que pour le XXIe siècle nous retrouvons les mérites de la récupération, du recyclage, de l'utopique bouclage du cycle de la matière.

Entre-temps, les marchés mondiaux se sont élargis à la planète entière. Des norias de navires, des tuyaux ou des lignes électriques approvisionnent le «vieux monde» mais aussi, et de plus en plus, les pays émergents et surtout la Chine, presque absente de nos histoires par son isolement, et devenue le centre de gravité de la plupart des marchés.

Jamais dans l'histoire les marchés n'ont été aussi mondiaux, jamais les communications aussi faciles avec le « temps réel », jamais la circulation des marchandises n'a été aussi aisée. Et pourtant il existe toujours des incertitudes, des risques qui nourrissent à tout moment les plus folles des spéculations, il existe des aventuriers dans les salles de « trading » et ailleurs que continuent à fasciner ce monde merveilleux des matières premières et autres commodités.

Le jeu du « Long cours » de notre enfance aurait sans doute quelque chose de désuet au temps des jeux vidéo et d'internet. C'est pourtant ainsi que le monde des marchés mondiaux continue à tourner et que bat le pouls de la mondialisation.

Urrugne, Pâques 2007

TABLE

PARUS CHEZ BOURIN ÉDITEUR

Fabrice AMEDEO, *Les Fossoyeurs de l'Europe*
Pierre-Valéry ARCHASSAL, *Généalogie, une passion moderne*
Philippe BENASSAYA, *Les Hussards perdus de la République*
Laurence BENHAMOU, *Le Grand Bazar mondial*
Pierre BILGER, *Quatre millions d'euros, le prix de ma liberté*
Gérald BLONCOURT, *Le Regard engagé*
Sylvie BOMMEL, Anne-Laure REVEILHAC, *La Révolte des virés*
Michel BONGRAND, *Le Marketing politicien*
Yves BOT, *Ma justice*
Jean CANOUREL, Nathalie LENOIR, *Comment devenir chef (et le rester) en 10 leçons*
Frédéric CHARPIER, *L'Obsession du complot*
COLLECTIF, *L'Ère du risque*
Thierry COSTE, *Le Vrai Pouvoir d'un lobby*
Thierry CROUZET, *Le Peuple des connecteurs*
Le Cinquième Pouvoir
André DAMON, *Mémoires du Petit journal*
Jean-Pierre DANIEL, *L'Assurance et ses secrets*
Bernard DARNICHE, *Citoyens de la route*
Michèle DEBONNEUIL, *L'Espoir économique*
Bruno DELMAS, *La Société sans mémoire*
Renaud DÉLY, *Les Tabous de la gauche*
Bruno DESCROIX, *Demain les profs*
Pierre DEUSY, *Marx est mort, Jésus revient*
Jean-Michel DUBERNARD, *Sauvons la sécu !*
Marc FIORENTINO, *Tu seras un homme riche, mon fils !*
Jean-Luc FOUCHER, *Ressources inhumaines*
Pascal GALINIER, *Terminus Billancourt*
Philippe GALLARD, *À l'assaut du monde*
Jean-Pierre GAUDARD, *L'Intraitable Monsieur Mer*
Le Mal industriel français
Charles GAVE, *Un libéral nommé Jésus*
C'est une révolte ? Non, Sire, c'est une révolution !

David GENZEL, *Les Mots du Président*
Vincent GORGUES, Laurent JACQUES,
Vladimir et le Premier ministre
Capucine GRABY, Muriel ROY-PRÊTET, *Le Sexe fort*
Chen GUIDI, Wu CHUNTAO, *Les Paysans chinois aujourd'hui*
Denis HUISMAN, *La Rage de communiquer*
Jean-Philippe IMMARIGEON, *American Parano*
Éric KESLASSY, Alexis ROSENBAUM *Mémoires vives*
Roselyne KOSKAS, Guy SCHWARTZ, *Le Pouvoir misogyne*
Jean-Claude LASANTÉ, Bernard LALANNE,
Attention, chasseur de têtes
Martine LEFEUVRE-DÉOTTE, *Les Campeurs de la République*
Emmanuel LEMIEUX, *Le Krach des élites*
Carlos LISCANO, *L'Impunité des bourreaux*
François MOUREAU *Le Nouveau Prolétariat intellectuel*
Christian OYARBIDE, *Mon boss, ses trucs et ses tics*
Thierry PAQUOT, *Éloge du luxe*
Petit manifeste pour une écologie existentielle
Jean-Marc et Yidir PLANTADE, *La Face cachée de la Chine*
Jean POULIT, *Le Territoire des hommes*
Jacqueline DE ROMILLY, *Actualité de la démocratie athénienne*
Philippe ROSÉ, *Indian connection*
Frédéric ROUX, *Hyperman*
Philippe SASSIER, Jean BOTHOREL, *La Grande Distribution*
Lucile SCHMID *L'Égalité en danger ?*
Robert SCHNEIDER, *Le Gâchis*
Pierre SERVENT, *La Trahison des médias*
Nathan SHARANSKY, *Défense de la démocratie*
Frédéric TEULON, *La France aux mains des fils et filles de...*
Daniel TEYSSEIRE, *La France singulière*
Didier TOUSSAINT, *L'Inconscient de la FNAC*
Donald TRUMP, *Comment devenir riche*
Guy VALLANCIEN, *La Santé n'est pas un droit*
François DE WITT, *Appauvrissez-vous !*

Imprimé en France par
CPI Firmin Didot (127012)

Dépôt légal : octobre 2007
ISBN : 978 2-84941-074-5
966.263.0